Gabriela Totti

A Desobediência Civil como Direito Fundamental

Gabriela Totti

A Desobediência Civil como Direito Fundamental

Análise da jurisprudência a cerca do Movimento dos Sem Terra

Novas Edições Acadêmicas

Imprint
Any brand names and product names mentioned in this book are subject to trademark, brand or patent protection and are trademarks or registered trademarks of their respective holders. The use of brand names, product names, common names, trade names, product descriptions etc. even without a particular marking in this work is in no way to be construed to mean that such names may be regarded as unrestricted in respect of trademark and brand protection legislation and could thus be used by anyone.

Cover image: www.ingimage.com

Publisher:
Novas Edições Acadêmicas
is a trademark of
International Book Market Service Ltd., member of OmniScriptum Publishing Group
17 Meldrum Street, Beau Bassin 71504, Mauritius

ISBN: 978-620-2-18892-0

Copyright © Gabriela Totti
Copyright © 2018 International Book Market Service Ltd., member of OmniScriptum Publishing Group

Dedico este trabalho a minha família que sempre esteve ao meu lado e me apoiou ao longo desta longa caminhada que está se concluída. Também dedico ao meu querido orientador por toda a atenção e dedicação.

"Julgue seu sucesso pelas coisas que você teve que renunciar para conseguir."

(DALAI LAMA)

RESUMO

O presente trabalho visa abordar o tema da desobediência civil a luz da Constituição Federal Brasileira de 1988, tendo por objetivo de constatar a possibilidade de reconhecer este instituto como sendo um Direito Fundamental implícito em decorrência da cláusula aberta contida no artigo 5º, parágrafo segundo da própria Constituição Federal. Buscar-se-á demonstrar a legitimidade da desobediência civil por meio desta abertura constitucional, a qual permite o reconhecimento de outros direitos e garantias que não estejam de maneira explícita na Carta Magna. Para que seja possível alcançar este objetivo foram escolhidos os princípios do Estado Democrático de Direito, Soberania Popular e Cidadania, sendo estes os princípios aptos a fundamentar o reconhecimento da desobediência civil como um Direito Fundamental implícito.

Palavras-chave: Desobediência Civil. Direito Fundamental. Constituição. Estado Democrático de Direito. Soberania Popular. Cidadania.

SUMÁRIO

1 INTRODUÇÃO 6
2 PERSONALIDADES QUE IMPACTARAM NA BUSCA DE UMA FUNDAMENTAÇÃO DA DESOBEDIÊNCIA CIVIL 8
2.1 INFLUÊNCIA DE HENRY DAVID THOREAU 8
2.2 GANDHI E O PRINCÍPIO DA NÃO-VIOLÊNCIA 11
2.3 LIDERANÇA DE MARTIN LUTHER KING 16
3 VISÕES DOUTRINÁRIAS ACERCA DA DESOBEDIÊNCIA CIVIL 20
3.1 DESOBEDIÊNCIA CIVIL POR HANNAH ARENDT 20
3.2 DESOBEDIÊNCIA CIVIL POR JÜRGEN HABERMAS 22
3.3 DESOBEDIÊNCIA CIVIL POR MARIA GARCIA 25
4 CONTORNOS DA DESOBEDIÊNCIA CIVIL 29
4.1 DESOBEDIÊNCIA CIVIL COMO ATO COLETIVO 29
4.2 MOVIMENTO PACÍFICO X VIOLÊNCIA 31
4.3 O DESOBEDIENTE CIVIL 32
5 DESOBEDIÊNCIA CIVIL COMO DIREITO FUNDAMENTAL IMPLÍCITO ...35
5.1 ANÁLISE DA CONSTITUIÇÃO FEDERAL BRASILEIRA DE 1988 36
5.2 CONSTITUIÇÃO COMO CARTA ABERTA 38
5.3 MÉTODO CONCRETISTA DA CONSTITUIÇÃO ABERTA 40
5.4 ARTIGO 5º, § 2º DA CONSTITUIÇÃO FEDERAL DO BRASIL DE 1988 ...43
5.5 PRINCÍPIOS APTOS A FUNDAMENTAR A DESOBEDIÊNCIA CIVIL COMO DIREITO FUNDAMENTAL IMPLÍCITO 46
6 JURISPRUDÊNCIA BRASILEIRA ACERCA DA DESOBEDIÊNCIA CIVIL ...56
7 CONCLUSÃO 63
REFERÊNCIAS 66

1 INTRODUÇÃO

O intuito do presente trabalho é abordar o tema da desobediência civil sob o olhar da Constituição Federal Brasileira de 1988. Pretende-se verificar a possibilidade de reconhecer tal instituto como um Direito Fundamental implícito. Nesse sentido, a desobediência civil será analisada sob o prisma de princípios constitucionais que poderão fundamentar esse reconhecimento.

O tema apresentado neste trabalho é de extrema relevância acadêmica e social. Este assunto ainda é pouco estudado no âmbito acadêmico, mesmo sendo tão atual, e são poucos os autores que se debruçam sobre a desobediência civil e seus desdobramentos na esfera política, jurídica e social. Além disso, tem uma importância significativa para a sociedade, tendo em vista ser um direito que viabiliza a participação dos membros dessa sociedade no processo de construção de um Estado verdadeiramente democrático, haja vista que a Constituição e o paradigma do Estado Democrático de Direito são projetos que não estão prontos, mas em constante construção. Por isso, esses projetos devem ser revistos e atualizados a todo instante.

O trabalho foi dividido em cinco partes para que fosse possível uma compreensão mais fácil e sistematizada da desobediência civil e para que ao fim seja possível responder ao problema central: a desobediência civil pode ser reconhecida como um Direito Fundamental implícito garantido pela Constituição Federal Brasileira de 1988?

Na primeira parte, foram selecionadas algumas personalidades que se destacaram ao longo de sua trajetória e contribuíram para a fundamentação e visibilidade da desobediência civil como um instrumento de defesa dos cidadãos frente a situações advindas do Estado e consideradas injustas ou abusivas. Já na segunda parte, serão apresentados os entendimentos de alguns doutrinadores acerca do instituto da desobediência civil, sendo possível compreender a partir disto as características que podem ser atribuídas a este instituto e que o tornam uma espécie do Direito de Resistência, tendo a terceira parte do trabalho esta incumbência.

Após a análise histórica e doutrinária e a caracterização e conceituação da desobediência civil nas primeiras partes do trabalho, passa-se a abordar a desobediência civil sob o enfoque da Constituição Federal Brasileira de 1988, com o intuito de responder a indagação feita a respeito do seu reconhecimento como um Direito Fundamental implícito. Para que tal objetivo seja alcançado, é feita na, na quarta parte do trabalho, uma análise da Constituição Brasileira, passando-se a apresentá-la como uma Carta Aberta, juntamente com os desdobramentos que este entendimento acarreta. Seguindo nessa mesma linha, optou-se por trabalhar com o método Concretista da Constituição Aberta, desenvolvido por Peter Häberle, para legitimar a prática da desobediência civil e corroborar o entendimento de que se trata de mais um mecanismo de defesa da sociedade em face do poder do Estado. Por fim, são apresentados os princípios constitucionais que permitem a fundamentação jurídica do reconhecimento da desobediência civil como um Direito Fundamental garantido pela Constituição de 1988.

Na última parte do trabalho, como forma de tentar aliar a teoria com a prática, são analisados os posicionamentos do Superior Tribunal Federal, do Superior Tribunal de Justiça e do Tribunal de Justiça do Estado do Rio Grande do Sul em relação aos atos de desobediência civil praticados pelo Movimento dos Sem Terra na luta pela implementação da política de Reforma Agrária no Brasil.

Para que fosse possível o desenvolvimento deste trabalho, buscou-se como referencial teórico as obras de Hannah Arendt, Jürgen Habermas e Maria Garcia. Tais escritores, além do reconhecimento que possuem nas áreas em que atuam, contribuíram de maneira significativa para a construção de uma teoria da desobediência civil, o que permite uma fundamentação deste instituto como um Direito Fundamental.

2 PERSONALIDADES QUE IMPACTARAM NA BUSCA DE UMA FUNDAMENTAÇÃO DA DESOBEDIÊNCIA CIVIL

O tema da desobediência civil há muito tempo é estudado e discutido, tanto no campo teórico quanto nos casos de aplicação prática. Sendo assim, faz-se necessária uma abordagem deste instituto para sua melhor compreensão por meio da influência de grandes personalidades, quer seja por seus escritos ou por suas ações, e também a partir da contribuição dada pela doutrina acerca do tema.

Ao longo da história, surgiram personalidades que influenciaram a sua geração e até mesmo gerações futuras com seus pensamentos, ideais e ações. No caso da desobediência civil, podem ser destacados os nomes de Thoreau, Gandhi e Luther King. Estas três personalidades contribuíram significativamente para uma fundamentação do instituto, como será demonstrado a seguir.

2.1 INFLUÊNCIA DE HENRY DAVID THOREAU

Henry David Thoreau, no século XIX, no clássico *A Desobediência Civil*, conclamou seus conterrâneos a resistir pacificamente às leis injustas e às autoridades, que derramavam o sangue da consciência do povo, como ele mesmo denominava.[1]

Como precursor da resistência pacífica, criticava ferrenhamente o Estado americano por levantar a bandeira da liberdade e ao mesmo tempo adotar políticas imperialistas e práticas escravistas, o que era entendido por ele como condutas paradoxais. Em seu ensaio *A Desobediência Civil*, ele questiona o sistema até então vigente:

> Leis injustas existem: devemos nos contentar em obedecê-las? Ou nos empenhar em aperfeiçoá-las, obedecendo-as até obtermos êxito? Ou devemos transgredi-las imediatamente? Em geral, sob um governo como o nosso, os homens julgam que devem esperar até que tenham convencido a maioria a alterar as leis. Pensam que, se resistissem, o remédio seria pior que os males. Mas é culpa do próprio governo que o remédio seja de fato pior que os males. É ele, o governo, que o torna pior. Por que ele não se mostra mais inclinado a se antecipar e a providenciar as reformas? Por que não valoriza suas minorias sensatas? Por que ele chora e resiste antes mesmo de ser ferido? Por que não encoraja seus cidadãos a estar alertas para apontar suas falhas, e assim melhorar sua atuação para com eles?[2]

---

[1] THOREAU, Henry David. **A desobediência civil**. São Paulo: Companhia das Letras, 2012. p.21.
[2] *Ibidem*, p.17.

O escritor americano vivia em um período em que os Estados Unidos estavam divídos após a independência. O norte estava voltado para a indústria, e o sul encontrava-se calcado na agricultura extensiva pelo trabalho escravo. Os estados do sul foram os grandes fomentadores da guerra contra o México, exigindo que os novos territórios conquistados fossem declarados escravocratas.[3]

Thoreau exerceu um papel oposicionista fundamental em relação à política do Estado norte-americano, pois se negou a cumprir obrigações tributárias, sob a justificativa de que o destino dado a estes tributos era a guerra de conquista do território mexicano pelos Estados Unidos.[4] Por isso, não fazia sentido para ele pagar um tributo que tinha como destino a fomentação da guerra.

No seu entendimento, o processo político norte-americano não estava mais condizente com os anseios da época da independência, já que o governo estava distanciado de tais valores, na medida em que mantinha o sistema de escravidão e a guerra contra o México com o único objetivo de aproveitar-se dos grandes territórios deste país.[5] Quer dizer, os valores emergidos no período da independência não estavam mais sendo consagrados nas decisões e nos atos do governo.

Por meio de seus escritos, o autor pretendia alcançar a opinião pública, pois assim seria possível mostrar a sua insatisfação perante o posicionamento injusto dos governantes na época. Seu propósito maior era a preservação da paz, mas, diante de sua postura opositora, acabou sendo preso e torturado pelas autoridades públicas.[6]

O termo *desobediência civil* só foi incorporado à sua obra após a sua morte, pois na época em que escrevera definia a resistência defendida como direito à revolução. Para ele, o indivíduo deveria fazer uma avaliação das leis e das decisões governamentais e, caso entendesse estar diante de algo injusto, deveria negar autoridade ao governo, mesmo que a lei

---

[3] COSTA, Nelson Nery. **Ciência política**. 3.ed. rev. atual. e ampl. Rio de Janeiro: Forense, 2012. p.261.
[4] TAVARES, Geovani de Oliveira. **Desobediência civil e direito político de resistência**. Campinas: Edicamp, 2013. p.43.
[5] COSTA, *op. cit.*, p.261.
[6] TAVARES, *op. cit.*, p.43.

ou a própria decisão fosse manifestação da maioria. Segundo ele, nem sempre a maioria escolhia ou agia da melhor maneira.[7]

A desobediência civil individual defendida por ele era uma forma de oposição a um governo injusto, pois Thoreau acreditava que o Homem era dotado de consciência e, portanto, não poderia abrir mão desta prerrogativa e tornar-se submisso.[8] Não era plausível que o homem acabasse se tornando submisso às decisões injustas do governo. Além do mais, este ato de desobediência era decorrente dos direitos inerentes ao cidadão frente ao Estado, devendo ser praticado sempre que o Estado ultrapassasse as suas prerrogativas ou mesmo deixasse de cumprir com as expectativas que a sociedade tinha em relação a ele.[9]

Thoreau ainda afirmava que se fazia necessário o reconhecimento por parte do Estado de que o indivíduo detinha o poder superior e independente, sendo decorrência direta deste poder a autoridade do Estado. Segundo ele, somente com este reconhecimento haveria um Estado realmente livre, o qual asseguraria um tratamento justo a seus cidadãos. Para que uma autoridade fosse realmente justa, era imprescindível que tivesse a aprovação e o consentimento de seus governados. Para tanto, urgia a necessidade de respeito máximo ao indivíduo, e assim seria possível atingir o progresso de uma monarquia absoluta para uma verdadeira democracia.[10]

Em um dos trechos de sua obra, Thoreau apresenta o Estado que, para ele, seria o ideal e perfeito, mas que até aquele momento não existia:

> Agrada-me imaginar um Estado que enfim possa se permitir ser justo com todos os homens, e tratar o indivíduo respeitosamente como semelhante; que nem mesmo considere uma ameaça à sua própria tranquilidade o fato de que alguns indivíduos se apartem deles, deixando de imiscuir-se nele ou de ser por ele abarcados, desde que cumpram todos os seus deveres de cidadãos e seres humanos.[11]

A desobediência civil defendida pelo escritor está intimamente relacionada ao direito de liberdade de cada cidadão em submeter-se ou não às instituições ou às próprias leis do

---

[7] COSTA, Nelson Nery. **Ciência política**. 3.ed. rev. atual. e ampl. Rio de Janeiro: Forense, 2012. p.265.
[8] THOREAU, Henry David. **A desobediência civil**. São Paulo: Companhia das Letras, 2012. p.9.
[9] COSTA, *op. cit.*, p.265.
[10] THOREAU, *op. cit.*, p.35.
[11] *Ibidem*, p.35-36.

Estado, sendo primordial que este Estado respeite a decisão do desobediente.[12] Por isso, em Thoreau, a desobediência está ligada a um direito individual do homem.

Em julho de 1846, ao dirigir-se à cidade para buscar um sapato, Thoreau foi abordado por um policial sob a acusação de não pagar o imposto eleitoral desde 1840. Neste episódio, Thoreau respondeu que não pagava porque nunca havia votado e que acreditava que aquele imposto era uma maneira de apoiar a guerra mexicana e a escravidão. Como resultado de sua negação, foi preso. Contudo, para ele, aquele ato de desobediência poderia servir de incentivo a outros homens para praticarem a mesma conduta e, com isso, provocarem uma revolução pacífica.[13]

A sua recusa não estava pautada pelo interesse em sonegar impostos para proveito próprio. O objetivo era expressar a manifestação de um cidadão contra um governo que não estava atendendo aos interesses sociais e, com esse ato, alterar a forma de governar.[14] Logo, não estaria havendo uma convergência entre os desejos e necessidades da sociedade e a política adotada pelo governo.

A desobediência civil em Thoreau pode ser entendida como uma resistência localizada com a finalidade de questionar pontos específicos do governo, tendo como grande objetivo a democratização do Estado, com uma maior oxigenação das políticas adotadas por ele.[15] Thoreau influenciou pessoas como Gandhi e Martin Luther King, além de outras tantas personalidades, sendo até hoje referência quando o instituto da desobediência civil é abordado e estudado.

2.2 GANDHI E O PRINCÍPIO DA NÃO-VIOLÊNCIA

Mahatma Gandhi, por meio de sua ideologia e defesa do princípio da não-violência, inspirou diversos ativistas democráticos de gerações ulteriores que seguiram seus passos em prol de uma sociedade mais justa, solidária e tolerante. Com suas ações, inspirou Luther King e Nelson Mandela a lutarem cada um por suas causas.

---

[12] TAVARES, Geovani de Oliveira. **Desobediência civil e direito político de resistência**. Campinas: Edicamp, 2013. p.45.
[13] COSTA, Nelson Nery. **Ciência política**. 3.ed. rev. atual. e ampl. Rio de Janeiro: Forense, 2012. p.265-266.
[14] MONTEIRO, Maurício Gentil. **O direito de resistência na ordem jurídica constitucional**. Rio de Janeiro: Renovar, 2003. p.60.
[15] COSTA, *op. cit.*, p.268.

Até os seus 19 anos, viveu com sua família na Índia, onde se casou e teve um filho. Poucos meses depois do nascimento de Harilal, seu primogênito, Gandhi viajou para a Inglaterra com o intuito de cursar a faculdade de Direito. Permaneceu por dois anos e oito meses na Inglaterra, onde se tornou bacharel em direito e fez cursos de francês, latim, física e química, além de ter melhorado o seu inglês. Neste período, Gandhi investiu em sua formação. Porém, o grande líder conhecido e seguido por milhões de pessoas só começou a sua trajetória após dois incidentes que marcaram sua vida e sua história.[16]

Com o seu retorno à Índia, iniciou o trabalho como advogado, mas não obteve êxito devido à sua timidez. Por isso, começou a realizar atividades judiciais ocasionalmente para o príncipe de sua cidade natal. Seu irmão mais velho era conselheiro e secretário do herdeiro do trono e estava tentando galgar o cargo de primeiro ministro do pequeno reino. Contudo, havia feito oposição a um agente britânico de quem era dependente para alcançar o seu objetivo. Diante de tal situação, o irmão de Gandhi pediu-lhe que fizesse uma visita a este agente para tentar interceder por ele. Mesmo não concordando com tal conduta, Gandhi acabou cedendo ao pedido de seu irmão. No entanto, não conseguiu dissuadir o agente, que apenas respondeu que, se o irmão de Gandhi estava se sentindo injustiçado, que buscasse os canais próprios para contestar. Ainda assim, Gandhi continuou tentando argumentar, mas recebeu a ordem de sair do local; como não cumpriu a ordem, foi retirado à força do recinto.[17]

Este episódio marcou a vida de Gandhi. A partir disto, passou a perceber o pavor que tinha da subserviência e submissão em que seu povo se encontrava, já que, em todos os pequenos principados daquela época, tais características eram latentes. Neste mesmo período, foi convidado por uma firma de muçulmanos para advogar por um ano na África do Sul. Gandhi aceitou a proposta de trabalho, pois desejava sair de seu país.[18]

Quando já se encontrava na África do Sul, Gandhi foi convocado a comparecer, em razão de uma demanda judicial, em Pretória. Para isto, tomou um trem e dirigiu-se ao espaço da primeira classe. Algum tempo depois, um homem branco adentrou no mesmo compartimento. Ao deparar-se com o homem de pele escura, retirou-se do local e retornou com dois funcionários, os quais ordenaram que Gandhi fosse para o vagão de bagagens. Não

---
[16] FISCHER, Louis. **Gandhi**. Edição integral. São Paulo: Círculo do Livro, 1982. p.31.
[17] *Ibidem*, p.32-33.
[18] FISCHER, *op. cit.*, p.33.

aceitando tal ordem, apresentou a sua passagem de primeira classe e negou-se a sair. Os funcionários chamaram um policial, que o atirou com suas bagagens para fora do trem, na plataforma da estação. Gandhi não quis voltar para o trem e ocupar um espaço na terceira classe, preferindo ficar na sala de espera da estação. Passou a noite toda sentado, meditando.[19]

Estes dois episódios vividos por ele influenciaram o início de sua luta contra as leis que restringiam os direitos civis dos indianos e o grande preconceito racial que existia naquela época. A estratégia política adotada perante o governo da época foi embasada no texto de Henry David Thoreau, *A Desobediência Civil*. Porém, como bem esclarece Celso Lafer[20], Gandhi, diferentemente de Thoreau, acreditava que a desobediência civil deveria ser praticada pelo maior número possível de pessoas para obter sucesso, e foi mediante esta ação coletiva, baseada na prática da não-violência, que logrou êxito no processo de independência da Índia.

Com o propósito de alcançar estes objetivos, passou a recomendar aos indianos que resistissem de forma pacífica à nova lei de imigração, negando-se a fazer a inscrição, conforme exigia a norma legislativa em questão. Em razão deste ato, foi sentenciado a dois meses de prisão. Contudo, algum tempo depois, um emissário procurou-o na prisão para oferecer-lhe uma proposta de revogação da lei, sob a condição de que os indianos fizessem a inscrição de forma voluntária. Gandhi aceitou a proposta e foi libertado junto com os demais indianos que haviam sido presos também.[21]

Após a inscrição voluntária dos indianos, inclusive a de Gandhi, o emissário negou-se a cumprir o acordo e manteve a lei de registro obrigatório vigente; na verdade, o seu objetivo era fazer com que os indianos, desta forma, cumprissem a lei. Como resposta ao descumprimento do acordo, mais de dois mil indianos reuniram-se e colocaram seus certificados dentro de um caldeirão para queimá-los como forma de protesto.[22]

Ao longo de sua jornada no processo de formação do Estado indiano, Gandhi definiu sob que condições uma greve deveria ser feita para que obtivesse sucesso. Dentre estas condições, estavam: não usar violência, não depender de subsídios públicos e não desistir

---

[19] FISCHER, Louis. **Gandhi**. Edição integral. São Paulo: Círculo do Livro, 1982. p.33-34.
[20] LAFER, Celso. **A reconstrução dos direitos humanos**: um diálogo com o pensamento de Hannah Arendt. São Paulo: Companhia das Letras, 1988. p.200.
[21] FISCHER, *op. cit.*, p.54.
[22] *Ibidem*, p.56.

jamais da luta, mesmo que o tempo da greve se estendesse por um longo período. Além disso, também desenvolveu outra forma de resistir ao governo, denominada de não-cooperação, que neste caso foi feita por meio da produção doméstica de tecido, visando ao boicote da compra do produto inglês.[23]

A liderança desempenhada por ele a frente do movimento indiano, o qual tinha como objetivo a retirada britânica e, consequentemente, a busca pela autonomia política, foi realizada por meio de campanhas de desobediência civil e da prática da não-cooperação. Estes atos acabaram por acelerar a saída das forças coloniais britânicas da Índia. Em toda a sua trajetória, Gandhi buscou propagar a sua filosofia da resistência pacífica para que fosse realizável uma mudança na sociedade, que já se encontrava tomada pela violência e pela arbitrariedade. Por meio deste método pacífico, seria possível a defesa dos direitos que estivessem sob ameaça.[24]

Gandhi acreditava na importância da relação entre os homens. Para ele, a conduta valia mais do que ideias abstratas, tanto que afirmava ser o homem um ser fundamentalmente de relação. Sendo assim, a verdade do homem não estava tanto em suas ideias ou palavras, mas sim em sua relação com os outros homens.[25] Isto é, a verdade do homem estava atrelada às suas ações.

Se a verdade é encontrada, segundo o pensamento de Gandhi, na relação entre os homens, a violência acaba por deformá-la ou destruí-la. Sendo assim, para que fosse estabelecida uma relação genuína, haveria de se tentar evitar o uso da violência nesta relação. Isso porque a violência não acrescentaria nada; pelo contrário, só traria consequências ruins à relação entre os homens.[26]

Por isso, havia uma forte recusa por parte dele em acreditar que fosse necessário o uso da violência para confrontar os atos irracionais dos homens, pois o ato de resistência deveria estar pautado sempre no bem. Para Gandhi, o uso da violência como forma de enfrentamento

---

[23] COSTA, Nelson Nery. **Ciência política**. 3.ed. rev. atual. e ampl. Rio de Janeiro: Forense, 2012. p.323.
[24] *Ibdem*, p.323-324.
[25] MULLER, Jean-Marie. **O princípio de não-violência**: percurso filosófico. Lisboa: Direito e Direitos do Homem, 1995. p.226.
[26] *Ibdem*, p.226.

de atos injustos só geraria mais mal aos homens, quer dizer, seria propulsor de mais violência.[27]

Gandhi trazia em seus discursos esta filosofia da não-violência contra atos e leis injustos, conforme se depreende do trecho abaixo:

> Mas não deixem existir uma aparência de quebra da paz até mesmo depois que todos nós formos presos. Nós decidimos utilizar todos os nossos recursos na busca de uma luta exclusivamente pacífica. Não deixem que ninguém cometa algum erro em um momento de ira. Essa é a minha esperança e prece. Eu gostaria que essas minhas palavras alcançassem todos os cantos e recantos da terra.[28]

Ao tentar explicar a filosofia de Mahatma Gandhi em relação ao princípio da não-violência, Jean-Marie Muller descreve que, "uma vez que os homens participam todos da mesma humanidade, violentar a humanidade do outro é atacar a sua própria humanidade, e essa dupla violência destrói a verdade."[29]

A primeira manifestação de Gandhi com base no princípio da não-violência ocorreu na África do Sul e tinha como finalidade garantir os direitos dos indianos imigrantes frente ao poder racista exercido pelos brancos. O método da resistência não-violenta aplicado neste episódio envolveu a recusa em obedecer à legislação discriminatória vigente e o não-enfrentamento das autoridades em caso de prisão dos desobedientes.[30]

A partir disto, Gandhi buscou empreender em todos os seus atos o conceito da não-violência, pois supunha que assim seria possível neutralizar o adversário. Ele acreditava que, se o povo se recusasse a obedecer às leis vigentes e estivesse disposto a submeter-se às consequências desta desobediência, o poder do Estado estaria fadado à derrota.[31] Este, para ele, era o grande poder que o povo detinha contra o Estado injusto.

Na opinião de Nelson Nery Costa, Gandhi e seus escritos aperfeiçoaram os aspectos teóricos da desobediência civil, tendo em vista que ele conseguiu aplicar na prática sua filosofia e mostrou eficiência no seu emprego. Além disso, contribuiu significativamente com

---

[27] MULLER, Jean-Marie. **O princípio de não-violência**: percurso filosófico. Lisboa: Direito e Direitos do Homem, 1995. p.229.
[28] **LÍDERES e discursos que revolucionaram o mundo**. São Paulo: Universo dos Livros, 2012. p.100.
[29] MULLER, *op. cit.*, p.226.
[30] *Ibdem*, p.235.
[31] MULLER, *op. cit.*, p.246.

a propagação do princípio da não-violência, demonstrando ser plenamente atingível a conquista de um objetivo por meio da resistência sem se valer do uso da violência.[32]

2.3 LIDERANÇA DE MARTIN LUTHER KING

Em meados do século XX, os Estados Unidos, apesar de ser o Estado mais rico e poderoso, ainda estava diante do problema da pobreza de alguns setores da sociedade e da latente discriminação racial existente. Mesmo com o fim da guerra civil, que objetivava a extinção da escravidão, os negros ainda não haviam sido integrados na sociedade de forma plena – negavam-se-lhes direitos civis e políticos, e eles eram economicamente marginalizados.[33]

Neste cenário, surge Martin Luther King, líder do movimento resistente em prol dos direitos civis dos negros e defensor da igualdade racial nos Estados Unidos. King inspirou-se em Gandhi, vindo a adotar a mesma linha teórica e prática da desobediência civil desenvolvida por este.[34]

King nasceu em 15 de janeiro de 1929 em Atlanta, no estado da Geórgia. Seu nome foi dado por seu pai em homenagem ao teólogo reformista Martin Luther. Ele estudou Sociologia em sua cidade natal, recebendo posteriormente o título de teólogo pela Universidade de Boston. Tornou-se ministro batista em Montgomery e, em 1960, passou a ser pastor em Atlanta.[35]

Sua atividade política iniciou com a liderança do movimento de boicote aos ônibus de Mongomery, no Alabama, que estava sendo promovida por negros habitantes da cidade em 1955 com a finalidade de protestar contra as leis de segregação racial vigentes naquela época. Após um ano de mobilização, King e seus companheiros conquistaram a primeira vitória, sendo declarada ilegal a segregação nos transportes do Alabama pelos Tribunais. A partir disto, a Suprema Corte dos Estados Unidos obrigou a abertura de piscinas, praias, lanchonetes

---

[32] COSTA, Nelson Nery. **Ciência política**. 3.ed. rev. atual. e ampl. Rio de Janeiro: Forense, 2012. p.325.
[33] *Ibdem*, p.389.
[34] MONTEIRO, Maurício Gentil. **O direito de resistência na ordem jurídica constitucional**. Rio de Janeiro: Renovar, 2003. p.68.
[35] **LÍDERES e discursos que revolucionaram o mundo**. São Paulo: Universo dos Livros, 2012. p.205.

e igreja a qualquer pessoa, independentemente de sua cor ou raça.[36] Porém, King não se contentou apenas com estas conquistas.

No ano de 1963, pressionou o Congresso por meio de uma marcha até Washington para a votação de uma lei que garantisse plenos direitos civis aos negros e, diante de 200 mil pessoas presentes e mais outros tantos telespectadores, fez o discurso que ficou conhecido mundialmente como "I have a dream". Neste discurso, King chamou a atenção da sociedade para as dificuldades enfrentadas pelos negros em razão da discriminação racial e das restrições sofridas por eles e chanceladas pelas leis e autoridades dos Estados:

> Eu tenho um sonho de que um dia, lá no Alabama, com seus racistas viciosos, com seu governador de cujos lábios gotejam as palavras "intervenção" e anulação, um dia, bem no meio do Alabama, meninas e meninos negros poderão dar as mãos a meninas e meninos brancos e andar juntos como irmãs e irmãos.[37]

Para ele, havia dois tipos de leis: as justas e as injustas. Sendo assim, só deveriam ser obedecidas as primeiras, haja vista as leis injustas não estarem em consonância com a lei moral e, portanto, estariam degradando a personalidade de quem as obedecesse. Para King, a desobediência civil estaria justificada pelo fato de afirmar os valores do homem diante da deturpação da sociedade e da política.[38]

Assim, os protestos não-violentos liderados por King tornaram-se o meio termo de uma comunidade negra que estava dividida entre dois posicionamentos opostos: a obediência passiva, sem contestação alguma, e a militância revolucionária, a qual pregava a violência como forma de enfrentamento da segregação racial. A desobediência civil defendida e praticada por King vislumbrava a resistência às leis injustas, mas mantendo a obediência às leis em geral do Estado. Tanto que afirmava ser imprescindível o desobediente sujeitar-se às sanções impostas pela transgressão à lei injusta, pois para ele a pessoa que desobedecesse à lei considerada injusta e aceitasse voluntariamente a pena que lhe era imposta, além de chamar a atenção da sociedade para a injustiça da lei, estaria demonstrando o mais alto respeito à lei.[39]

---

[36] BLANRUE, Paul-Eric. Quem matou Martin Luther King? História Viva, Porto Alegre, v.8, n.88, p.61-65, fev.2011. p.61-62.
[37] **LÍDERES e discursos que revolucionaram o mundo**. São Paulo: Universo dos Livros, 2012. p.205.
[38] COSTA, Nelson Nery. **Ciência política**. 3.ed. rev. atual. e ampl. Rio de Janeiro: Forense, 2012. p.393.
[39] *Ibidem*, p.391-392.

Em um de seus discursos, Martin Luther King enfatizou este posicionamento:

> Chega uma hora em que um homem moral não pode obedecer uma lei que sua consciência lhe diz ser injusta. E o importante é que, ao fazer isso, ele aceite de bom grado a punição – porque caso se recuse a aceitar a punição, tornar-se-á um inconsequente, tornar-se-á um anarquista. Houve, em todas as épocas e gerações, indivíduos propensos a dizer: 'Serei obediente a uma lei superior'. É importante ver que há momentos em que uma lei feita pelo homem está em desarmonia com a lei moral do universo.[40]

A trajetória de King em busca do reconhecimento dos direitos civis dos negros nos Estados Unidos foi marcada pela filosofia da não-violência defendida e praticada por Gandhi. A prática da resistência não-violenta acabava por harmonizar aqueles que entendiam não ser necessário o uso da agressividade contra os adversários e também concordava com aqueles que resistiam contra o mal da injustiça, ou seja, com o uso da resistência não-violenta, ninguém precisa submeter-se a uma lei ou ato injusto, porém não havia a necessidade de recorrer à violência para corrigir o tal ato ou lei injusta.[41]

A desobediência civil era vista por King como um novo estágio de luta, tendo como objetivo a transformação da raiva dos oprimidos e segregados em algo construtivo. Ela serviria como um instrumento social que o governo teria mais dificuldade de reprimir com o uso da força.[42]

King foi o responsável pela apresentação da desobediência civil com as atuais características, pois a tratava como sendo uma ação coletiva, que deveria ser utilizada após o esgotamento de todas as outras vias de reivindicação. Os atos de desobediência deveriam ser não-violentos, embora, no final dos anos sessenta, King tenha admitido agressões a propriedades de brancos, desde que os responsáveis aceitassem as consequências de seus atos. Para ele, a desobediência civil era a maneira mais eficaz de chamar a atenção da opinião pública para a injustiça das leis ou decisões do Estado e assim alcançar o objetivo final de alterá-las.[43]

Infelizmente, a trajetória de Martin Luther King foi interrompida em 1968, na cidade de Memphis, no Tennessee; ele foi assassinado com um tiro no momento em que estava na

---

[40] KING, Coretta Scott. **As palavras de Martin Luther King**. Rio de Janeiro: Jorge Zahar, 2009. p.47.
[41] *Ibidem*, p.85.
[42] KING, *op. cit.*, p.82.
[43] COSTA, Nelson Nery. **Ciência política**. 3.ed. rev. atual. e ampl. Rio de Janeiro: Forense, 2012. p.48.

sacada do hotel onde estava hospedado. No dia anterior ao assassinato, King discursou na cidade com o propósito de viabilizar uma marcha em favor de catadores de lixo que se encontravam em greve. Este discurso é considerado por muitos como sendo uma profecia, onde ele via a possibilidade de que aquela seria a sua última noite: "longevidade tem o seu lugar. Mas eu não estou preocupado com isso agora [...] Eu estou feliz esta noite. Eu não estou preocupado com nada. Eu não estou com medo de homem algum."[44]

Mesmo com uma morte precoce, King contribuiu de maneira significativa para que os negros tivessem os seus direitos civis reconhecidos nos Estados Unidos, sendo lembrado até hoje como um dos maiores líderes mundiais.

---

[44] **LÍDERES e discursos que revolucionaram o mundo.** São Paulo: Universo dos Livros, 2012. p.210- 211.

3 VISÕES DOUTRINÁRIAS ACERCA DA DESOBEDIÊNCIA CIVIL

Após uma breve análise histórica da desobediência civil e de se desenvolveu ao longo do tempo, serão apresentados os entendimentos doutrinários de Hannah Arendt, Jürgen Habermas e Maria Garcia. A partir da historicidade do instituto e do posicionamento da doutrina, será possível detalhar algumas características inerentes à desobediência civil.

3.1 DESOBEDIÊNCIA CIVIL POR HANNAH ARENDT

Na visão de Hannah Arendt, a desobediência civil surge no momento em que um número considerável de cidadãos acredita que não funcionam mais os canais normais para o pleito de mudanças e reivindicações ou no caso de se estar diante de imediata mudança cuja legalidade ou a própria legitimidade está sob ameaça. Nesse sentido a desobediência civil poderia ser praticada com o objetivo de pressionar as autoridades por mudanças consideradas necessárias ou almejadas, como também de manter a situação ou direitos já conquistados.[45]

Em seus escritos, Arendt abordou a diferença entre a esfera privada e a pública. A primeira ficaria restrita à realização de atividades que satisfizessem as necessidades materiais do homem, enquanto que, na segunda, os homens poderiam alcançar o reconhecimento de seus feitos e ideias, uma forma de realização individual perante o coletivo. Para ela, os cidadãos deveriam ter as mesmas oportunidades de participação política na esfera pública, ou seja, deveriam ter a garantia da igualdade de participação, sendo um espaço reservado para a concretização da individualidade de cada cidadão, lugar onde será possível revelar suas identidades e garantir a realização pessoal perante os assuntos coletivos.[46]

A principal característica apontada por Arendt, no que se refere à esfera pública, é o fato de que neste espaço os cidadãos poderiam participar e acompanhar as decisões que de alguma maneira teriam reflexos na sociedade. Com isto, estaria garantida a participação efetiva de cada um deles nas decisões políticas.[47]

---

[45] ARENDT, Hannah. **Crises da República**. São Paulo: Perspectiva, 1973. p.68-69.
[46] CARDOSO JÚNIOR, Nerione N. **Hannah Arendt e o declínio da esfera pública**. Brasília: Senado Federal - Subsecretaria de Edições Técnicas, 2005. p.50.
[47] *Ibidem,* p.49.

Celso Lafer explica o sentido de esfera pública dado por Arendt como sendo o espaço onde deve prevalecer o princípio da igualdade dos cidadãos para que assim seja possível concretizar a democracia. Para ela, as pessoas não nasciam iguais e permaneciam não sendo iguais em suas vidas, pois esta igualdade deriva da organização humana, por meio de instituições e leis. Assim, a perda do acesso ao espaço público significaria a perda do acesso à igualdade; consequentemente, o homem que é despojado de sua cidadania passa a ficar privado de seus direitos.[48]

Arendt demonstrava uma grande preocupação em relação à redução do indivíduo a mera peça de um sistema, no que ela denominava de modernas organizações burocráticas. Para ela, a burocratização da sociedade só faria aumentar a passividade dos indivíduos frente ao poder do Estado, e assim cada vez mais o indivíduo perderia o seu status de cidadão perante o Estado.[49]

Como resultado, a socióloga criticava a afirmação de que o compromisso que o cidadão tinha em obedecer à lei advinha da idéia de que ele mesmo havia dado seu consentimento a ela. Em última análise, o homem estaria diante de sua própria vontade. Hannah não concordava com a justificativa apresentada de que deveria prevalecer a vontade da maioria em uma democracia, pois o que ela colocava em xeque era justamente a crença de que o direito ao voto seria suficiente para garantir a democracia e a liberdade pública.[50]

Em um trecho de seu texto *Crises da República*, Arendt explica que "dissidência implica em consentimento e é a marca do governo livre; quem sabe que pode divergir sabe também que de certo modo está consentindo quando não diverge."[51] Por isso, só se estaria diante de uma verdadeira democracia se fosse aberto espaço para o dissenso, para a divergência.

Cabe nesta oportunidade trazer à tona a diferenciação que Arendt faz entre desobediência civil e desobediência criminosa, pois enquanto nesta última o que se pretende é a clandestinidade, na primeira, busca-se justamente chamar a atenção pública. O contestador

---

[48] LAFER, Celso. **A reconstrução dos direitos humanos**: um diálogo com o pensamento de Hannah Arendt. São Paulo: Companhia das Letras, 1988. p.152.
[49] CARDOSO JÚNIOR, Nerione N. **Hannah Arendt e o declínio da esfera pública**. Brasília: Senado Federal - Subsecretaria de Edições Técnicas, 2005. p.91.
[50] ARENDT, Hannah. **Crises da República**. São Paulo: Perspectiva, 1973. p.75-76.
[51] *Ibidem*, p.79.

civil, mesmo que seja um dissidente da maioria, age em prol de um grupo ou interesse coletivo; por este motivo, ele desafia as leis e as autoridades. Já o criminoso busca apenas um benefício ou privilégio para ele mesmo, não havendo preocupação com o coletivo.[52]

A única forma, na opinião de Arendt, para que os contestadores civis perdessem a sua legitimidade seria o uso da violência, pois uma característica fundamental da desobediência civil é justamente o não-uso deste meio para o enfrentamento dos problemas. A filósofa adverte para o perigo que é considerar as minorias contestadoras como rebeldes ou traidoras, uma vez que isso estaria indo de encontro ao espírito da própria Constituição, já que seria um risco desprezar estas minorias organizadas, não tanto pelo número de pessoas, mas principalmente pela qualidade de opinião. Isso porque, em um governo constitucional, é imprescindível que vários setores da sociedade concordem com as diretrizes adotadas pelo Estado.[53]

3.2 DESOBEDIÊNCIA CIVIL POR JÜRGEN HABERMAS

Jürgen Habermas é um filósofo alemão oriundo da Escola de Frankfurt. Ao longo de sua vida, vem analisando os padrões de crises das sociedades capitalistas, passando a debater a relação entre a comunicação e o poder.[54]

Para ele, o sentido normativo do Direito não será alcançado pelo positivismo e muito menos por um conteúdo moral, e sim por meio de um procedimento que institua o direito legitimamente. Habermas explica que a sua Teoria do Discurso prevê a legitimidade do Direito com base em processos e pressupostos de comunicação, os quais devem ser institucionalizados juridicamente para que seja permitido que os processos de criação e aplicação do Direito tenham um resultado racional. Esta racionalidade, no entendimento de Habermas, será conquistada no momento em que as normas criadas pela autoridade pública tiverem como destinatários indivíduos livres e iguais, ou seja, quando estes indivíduos forem reconhecidos como sujeitos de direito.[55]

---

[52] ARENDT, Hannah. **Crises da República**. São Paulo: Perspectiva, 1973. p.69.
[53] *Ibidem*, p.70.
[54] COSTA, Nelson Nery. **Ciência política**. 3.ed. rev. atual. e ampl. Rio de Janeiro: Forense, 2012. p.399.
[55] HABERMAS, Jürgen. **Direito e democracia**: entre facticidade e validade, volume II. Rio de Janeiro: Tempo Brasileiro, 1997. p.153.

Leonardo Saldanha explica o entendimento de Habermas a respeito de uma sociedade democrática como sendo o lugar onde o Direito é posto de maneira que todos os cidadãos possam participar livremente. É necessário que o Direito tenha origem em um processo que permita a manifestação de todos, já que a sua legitimidade não pode advir da força do poder, e sim da interação dos argumentos que o fundamentam e da consequente aceitação dos cidadãos dentro deste processo.[56]

Habermas diferencia-se dos positivistas, tendo em vista que ele não reconhece a efetividade do positivismo, cuja importância está no processo de formação da norma. Para ele, a legitimidade do Direito está vinculada a um processo de formação com base na participação e no diálogo, que devem ser refletidos nas leis e decisões do Estado.[57] A criação deste Direito deve estar permeado pelo diálogo entre quem tem o poder de legislar e o destinatário deste Direito.

Maria Fernanda Salcedo Repôles ensina que é a Constituição que permite a estruturação do sistema de direitos, pois é o estatuto jurídico máximo da sociedade e do Estado. A Constituição é a responsável por institucionalizar o sistema de direitos e regular a transformação do poder comunicativo em poder administrativo de forma legítima.[58]

Assim, na teoria de Habermas, na produção do Direito de maneira legítima, somente será evidenciada uma relação entre o poder administrativo e o poder comunicativo, pois não basta que o direito seja produzido de acordo com o que Habermas denomina de círculo oficial do poder político, mas deve manter uma real conexão com o poder comunicativo que está fora deste círculo, ou seja, com os reais anseios da sociedade.[59]

Com base neste posicionamento, Habermas defende que:

> A justificação da desobediência civil apóia-se, além disso, numa compreensão dinâmica da constituição, que é vista como um projeto inacabado. Nesta ótica de longo alcance, o Estado democrático de direito não se apresenta como uma configuração pronta, e sim, como um empreendimento arriscado, delicado e,

---

[56] SALDANHA, Leonardo Tricot. **Legitimação política democrática e autonomia**. Porto Alegre: Editora UniRitter, 2008. p.40.
[57] *Ibidem*, p.38.
[58] REPÔLES, Maria Fernanda Salcedo. **Habermas e a desobediência civil**. Belo Horizonte: Mandamentos, 2003. p.127.
[59] *Ibidem*, p.132.

especialmente falível e carente de revisão, o qual tende a reatualizar, em circunstâncias precárias, o sistema de direitos, o que equivale a interpretá-los melhor e a institucionalizá-los de modo mais apropriado.[60]

Nesse sentido, o ato do desobediente civil visa a chamar a atenção justamente para a falta de legitimidade das decisões deste círculo oficial do poder político em relação ao poder comunicativo. Ao não considerar os anseios da sociedade em seu processo decisório, o sistema político acaba por perder a sua legitimidade e, consequentemente, a sua eficácia, já que suas decisões não terão validade perante a sociedade. É neste ponto que fica evidente a questão entre a legitimidade e a legalidade, uma vez que muitas decisões podem ser consideradas formalmente legais, porém podem ser ilegítimas. E é exatamente neste momento que a desobediência civil irá denunciar esta falta de correlação entre a sociedade civil e a sociedade política, após a tentativa frustrada de utilização dos meios ordinários. A desobediência civil virá justamente para reafirmar o princípio da soberania popular.[61]

Habermas reconstrói o Estado de Direito a partir do paradigma linguístico, isto é, para que seja possível a garantia do exercício dos direitos fundamentais, faz-se necessária a efetivação de procedimentos jurídicos que permitam a participação da sociedade no processo de produção das leis e assim se desenvolva a capacidade de integração entre a sociedade e o Estado.[62]

Para que tal objetivo seja atingido, deve existir uma esfera pública consolidada, onde o diálogo entre os cidadãos seja garantido para a formação das decisões políticas e haja espaço para o pluralismo, para a diversidade. O distanciamento entre o representado e seu representante político acaba por gerar uma crise de legitimidade, pois não haverá mais convergência entre o Estado/Poder Público e seus cidadãos. Diante disto, a desobediência civil assume um papel extremamente importante em um Estado Democrático de Direito, permitindo que os cidadãos intervenham no processo de elaboração das leis, bem como alterem a interpretação ou aplicação destas.[63]

---

[60] HABERMAS, Jürgen. **Direito e democracia**: entre facticidade e validade, volume II. Rio de Janeiro: Tempo Brasileiro, 1997. p.118.
[61] REPÔLES, Maria Fernanda Salcedo. **Habermas e a desobediência civil**. Belo Horizonte: Mandamentos, 2003. p.132-133.
[62] *Ibidem*, p.126-127.
[63] REPÔLES, *op. cit.*, p.128.

A desobediência civil é praticada justamente na esfera pública para chamar a atenção da opinião pública, pois é nela onde os problemas, as insatisfações e o dissenso devem ser apresentados e debatidos de forma convincente e eficaz. Desta forma, torna-se possível que as questões levantadas na esfera pública sejam trabalhadas pelo Poder Público e fiscalizadas pela sociedade civil.[64]

Habermas considera a desobediência civil como uma medida extremada que evidencia a crise de legitimidade entre as leis e decisões do poder estatal e a expectativa da sociedade civil em relação à efetivação dos mínimos direitos garantidos a ela pela Constituição.[65]

3.3 DESOBEDIÊNCIA CIVIL POR MARIA GARCIA

Maria Garcia defende a ideia de que a desobediência civil está diretamente ligada ao princípio da cidadania. Para ela, este princípio não pode ser limitado aos direitos e garantias que estão expressos na Constituição Federal Brasileira, já que deve ser instrumentalizado da maneira mais ampla possível para ser realmente concretizado. A sua efetivação depende dessa instrumentalização abrangente.[66]

O conceito de cidadania é descrito pela autora como sendo um conjunto de privilégios diretamente interligados à titularidade da coisa pública; por consequência, garante o direito à resistência aos abusos e excessos dos agentes públicos, bem como a busca da responsabilização destes no âmbito judicial quando houver violação do interesse público.[67] No seu entendimento, o princípio da cidadania permite aos indivíduos de uma sociedade resistirem a um governo abusivo e injusto.

Na opinião da autora, o cidadão deve participar ativamente das decisões políticas, tomando conhecimento dos assuntos relativos aos serviços sociais e econômicos locais e

---

[64] HABERMAS, Jürgen. **Direito e democracia**: entre facticidade e validade, volume II. Rio de Janeiro: Tempo Brasileiro, 1997. p.91.
[65] REPÔLES, Maria Fernanda Salcedo. **Habermas e a desobediência civil**. Belo Horizonte: Mandamentos, 2003. p.138.
[66] TAVARES, Geovani de Oliveira. **Desobediência civil e direito político de resistência**. Campinas: Edicamp, 2013. p.46.
[67] GARCIA, Maria. **Desobediência civil**: direito fundamental. 2.ed. rev. atual. e ampl. São Paulo: Revista dos Tribunais, 2004. p.148.

estando integrado na gestão das políticas adotadas pelo governo, pois somente assim se estará diante da plena concretização da liberdade.[68]

Entende-se oportuna neste momento a utilização do conceito de liberdade construído por José Afonso da Silva; para o autor, trata-se de "um poder de atuação do homem em busca de sua realização pessoal."[69] Ele vai mais além quando conclui que a liberdade possibilita a utilização consciente dos meios imprescindíveis para a concretização da felicidade pessoal. Ele afirma que a realização dos direitos fundamentais é garantida pelo regime democrático, uma vez que a liberdade encontra um espaço muito amplo na democracia. Assim, permite ao cidadão a utilização dos meios necessários para a realização de sua felicidade pessoal, fazendo com que ele seja mais livre, na medida em que o processo de democratização esteja mais presente.[70]

Em um dos trechos de seu livro *Desobediência Civil*, Maria Garcia destaca a importância entre a relação intrínseca entre a democracia e a cidadania:

> Entre a identidade democrática e os métodos democráticos de convivência situa-se, como ponto de equilíbrio, a qualidade de cidadão e a condição deste na sociedade que quer ser democrática, equivale dizer, o grau de participação no processo da tomada de decisão, ou no governo. Mais especificamente, na elaboração da lei, pois é por esta que se organiza, juridicamente, a sociedade política e se garantem os direitos fundamentais.[71]

Logo, pode ser traçado um paralelo entre a identidade democrática de uma sociedade e a participação do cidadão na tomada de decisão política. Isto significa dizer que, quanto maior o grau de participação do cidadão no âmbito político, mais democrática será a sociedade. Como já mencionado, a cidadania não pode ser limitada aos direitos políticos elencados no artigo 14 da Constituição Federal Brasileira.[72]

Há uma forte relação entre a concretização dos direitos humanos e o princípio da cidadania, sendo que a efetivação destes direitos só será possível na medida em que seja

---

[68] GARCIA, Maria. **Desobediência civil**: direito fundamental. 2.ed. rev. atual. e ampl. São Paulo: Revista dos Tribunais, 2004. p.136.
[69] SILVA, José Afonso. **Curso de direito constitucional positivo**. 32.ed. rev.e atual. São Paulo: Malheiros, 2009. p.233.
[70] *Ibidem*, p.234.
[71] GARCIA, *op. cit.,* p.255-256.
[72] *Ibidem*, p.255-256.

assegurado o acesso dos titulares destes direitos ao espaço público. Por isso, Maria Garcia defende a desobediência civil como direito-dever político do cidadão em casos de opressão.[73]

Garcia ainda alerta para o fato de estarmos diante da falta de efetividade dos mecanismos de proteção da cidadania, tendo em vista que a representatividade está sob suspeição, pois muitas vezes não evidencia a vontade do eleitor-cidadão em seu representante. O cidadão acaba por não ter meios de participar do processo legislativo, mesmo sendo ele o destinatário das normas oriundas do Estado.[74]

Hannah Arendt já chamava a atenção para esta falta de representatividade em sua época. Para ela, ou o governo havia perdido o compromisso com a real participação dos cidadãos na esfera política, ou estava sofrendo com a mesma doença do sistema de partidos. Ou seja, estaríamos diante da total burocratização e da grande tendência dos partidos a não representar ninguém além dos seus próprios interesses.[75]

Por consequência, a lei acaba por perder a sua legitimidade, já que se torna, em muitas situações, um instrumento de interesses privados ao invés de realização do interesse coletivo. Neste caso, a lei continua a existir somente em seu aspecto formal, não tendo mais como objetivo o bem comum.[76] A lei perde a sua legitimidade por não ter mais como propósito atingir um interesse social.

Sendo assim, no entendimento de Garcia, a desobediência civil pode ser definida como uma espécie de resistência, a qual pode ser praticada de forma ativa ou passiva pelo cidadão contra lei ou ato de uma autoridade, na medida em que estes ofendam a ordem constitucional ou os direitos e garantias fundamentais, pois o seu objetivo é resguardar as prerrogativas intrínsecas à cidadania.[77]

Nessa mesma linha, Canotilho define a desobediência civil como sendo:

---

[73] GARCIA, Maria. **Desobediência civil**: direito fundamental. 2.ed. rev. atual. e ampl. São Paulo: Revista dos Tribunais, 2004. p.142.
[74] *Ibidem*, p.258-259.
[75] ARENDT, Hannah. Crises da República. Tradução: José Volkmann. São Paulo: Editora Perspectiva, 1973. p.79.
[76] GARCIA, *op. cit.*, p.246-247.
[77] *Idem*. O processo constitucional no direito estrangeiro: o direito de resistência e a desobediência civil. **Revista de Direito Constitucional e Internacional**, São Paulo, v.14, n.57, p.46-61, out./dez. 2006. p. 60.

> O direito de qualquer cidadão, individual ou colectivamente, de forma pública e não violenta, com fundamento em imperativos ético-políticos, poder realizar os pressupostos de uma norma de proibição, com a finalidade de protestar, de forma adequada e proporcional, contra uma grave injustiça. Trata-se, assim, de dar guarida constitucional ao direito à indignação, procurando-se convencer a opinião pública de que uma lei, uma política ou medidas de uma política são ilegítimas tornando-se a contestação pública destas plenamente justificada.[78]

Outra importante contribuição de Maria Garcia no que se refere à desobediência civil é o fato de a autora defender este instituto como sendo um direito fundamental implícito garantido pela Constituição Federal Brasileira de 1988. O fundamento utilizado por ela para tal afirmação está diretamente ligado ao § 2º do artigo 5ºda Constituição Brasileira de 1988, o qual prevê outros direitos e garantias que sejam decorrentes do regime e dos princípios adotados pela Constituição.[79] Este tema ainda será abordado de forma mais detalhada em tópico específico deste trabalho.

Nesse sentido, a relação entre o princípio da cidadania e a desobediência civil é abordada por Maria Garcia da seguinte maneira:

> Esse plexo de direitos e garantias da cidadania deverá conter – por definição – o direito da desobediência civil: dentro do ordenamento jurídico, a possibilidade do cidadão, titular do poder do Estado (que exerce "por meio de representantes ou diretamente, nos termos desta Constituição", edita o parágrafo único do art. 1) – promover a alteração ou a revogação da lei ou deixar de atender à lei ou a qualquer ato – que atentem contra a ordem constitucional ou os direitos e garantias fundamentais.[80]

Por conseguinte, para a autora, é plenamente possível afirmarmos que a desobediência civil, como ato de resistência a leis ou atos de autoridade injustos, é um direito fundamental implícito decorrente do regime e princípios adotados pela Constituição Federal Brasileira de 1988, tendo como um dos pilares desta afirmação o princípio da cidadania.[81]

---

[78] CANOTILHO, José Joaquim Gomes. **Direito constitucional e teoria da constituição**. 7.ed. Coimbra: Edições Almedina, 2003. p.328.
[79] GARCIA, Maria. **Desobediência civil**: direito fundamental. 2.ed. rev. atual. e ampl. São Paulo: Revista dos Tribunais, 2004. p.296.
[80] *Ibidem,* p.297.
[81] GARCIA, *op. cit.,* p.297.

4 CONTORNOS DA DESOBEDIÊNCIA CIVIL

Como já dito, até este momento, analisamos algumas personalidades que praticaram e defenderam a desobediência civil e que, com isto, se tornaram referência neste tema, como é o caso de Henry David Thoreau, Gandhi e Luther King. Também trabalhamos com doutrina de Hannah Arendt, Jürgen Habermas e Maria Garcia acerca deste instituto e, consequentemente, abordamos o posicionamento de cada um deles a respeito do assunto.

A partir deste ponto, torna-se possível traçarmos algumas características que a desobediência carrega consigo e que faz dela uma das espécies do direito de resistência, pois, embora seja um instituto decorrente do direito de resistência, possui particularidades únicas.

4.1 DESOBEDIÊNCIA CIVIL COMO ATO COLETIVO

A desobediência civil foi apresentada por Thoreau como uma resistência individual, voltada para a reafirmação da consciência do cidadão. Esta ideia pode ser vislumbrada em um dos trechos de seu texto *A Desobediência Civil*:

> Não é obrigação de um homem, evidentemente, dedicar-se à erradicação de um mal qualquer, nem mesmo do maior que exista; ele pode muito bem ter outras preocupações que o absorvam. Mas, é seu dever, pelo menos, manter as mãos limpas e, mesmo sem pensar no assunto, recusar apoio prático ao que é errado.[82]

Porém, com Gandhi, este instituto tomou uma proporção coletiva, pois ele acreditava na desobediência civil como sendo uma ação coletiva, a qual só poderia obter sucesso se um grande número de pessoas a exercesse conjuntamente e em busca de um mesmo propósito. A partir dele, a desobediência civil tomou uma dimensão de ação de grupo, concretizada pela resistência coletiva[83], não sendo mais vista como um direito/dever individual do cidadão.

Hannah Arendt ensinou que, quando algumas pessoas queriam alterar alguma situação considerada injusta ou mesmo corrigir uma falha do Estado descoberta, o que elas deveriam procurera uma assistência mútua e, para tanto, deveriam associar-se. A partir deste momento,

---
[82] THOREAU, Henry David. **A desobediência civil**. São Paulo: Companhia das Letras, 2012. p.15.
[83] LAFER, Celso. **A reconstrução dos direitos humanos**: um diálogo com o pensamento de Hannah Arendt. São Paulo: Companhia das Letras, 1988. p.200-201.

deixariam de ser homens individualizados para tornar-se um poder que poderia ser visto de longe, além de suas ações servirem de exemplo e suas vozes serem ouvidas.[84]

Corroborando este entendimento, Maria Garcia não vê qualquer efeito na prática da desobediência civil por um único indivíduo, pois este seria considerado um excêntrico. Todavia, se estivermos diante de um grupo, deixará de existir um só indivíduo, que se tornará membro deste grupo, fazendo parte dele. Sendo assim, para que a desobediência civil tenha realmente um significado e possa gerar efeitos relevantes, é necessário haver certo número de pessoas que tenham interesses convergentes.[85]

Nesse sentido, a desobediência civil é diferente da objeção de consciência, apesar de ambas serem espécies de direito de resistência, pois a objeção é a recusa ao cumprimento das obrigações legais em razão das convicções morais, políticas e filosóficas do indivíduo. A recusa do indivíduo é feita de forma consciente, significando uma soma de motivos para pretender a dispensa da obrigação jurídica imposta pelo Estado a todos de maneira indistinta.[86]

Além disso, outra diferença entre ambos os institutos é que a objeção de consciência, diferentemente da desobediência civi, está prevista de forma expressa na Constituição Federal Brasileira de 1988. Tal instituto pode ser conferido no inciso VIII do artigo 5º da Carta Magna: "ninguém será privado de direitos por motivo de crença religiosa ou de convicção filosófica ou política, salvo se as invocar para eximir-se de obrigação legal a todos imposta e recusar-se a cumprir prestação alternativa, fixada em lei.".[87]

Logo, a desobediência civil difere-se da objeção de consciência justamente pelo fato de esta estar vinculada a um imperativo moral do indivíduo, que vem recusar o cumprimento de uma lei por entender haver uma violação de suas convicções morais e/ou de sua ética. Já a desobediência civil busca chamar a atenção pública para a injustiça de uma determinada lei ou

---

[84] ARENDT, Hannah. **Crises da República**. São Paulo: Perspectiva, 1973. p.85.
[85] GARCIA, Maria. **Desobediência civil**: direito fundamental. 2.ed. rev. atual. e ampl. São Paulo: Revista dos Tribunais, 2004. p.268.
[86] BUZANELLO, José Carlos. **Direito de resistência constitucional**. 2.ed. Rio de Janeiro: Lumen Juris, 2006. p.150.
[87] BRASIL. Constituição (1988). **Constituição da República Federativa do Brasil de 1988**. Disponível em: <http://www.planalto.gov.br/ccivil_03/constituicao/constitui%C3%A7ao.htm>. Acesso em: 10 nov. 2014.

ato de autoridade, haja vista objetivar a inovação, a mudança da situação por meio da publicidade desta transgressão coletiva.[88]

4.2 MOVIMENTO PACÍFICO X VIOLÊNCIA

Outra característica fundamental apontada pela doutrina da desobediência civil é o seu caráter não-violento, isto é, trata-se de um movimento coletivo pacífico, tendo como grande precursor do uso da não-violência em suas ações, como já mencionado, Mahatma Gandhi.

Em relação a esta característica da desobediência civil, podem-se utilizar as respostas de Gandhi quando questionado se a ação violenta dava resultado. Como resposta, ele fez três afirmações, sendo elas: a violência usada em movimentos reivindicatórios acaba tirando a atenção do objeto principal desta reivindicação, passando a ser analisada a ação violenta; ainda provoca uma justificação da violência da parte contrária como forma de reação; e, por último, a violência só vai gerar mais violência, sendo que muitas vezes as consequências ruins acabam por recair sobre inocentes.[89]

Gandhi, ao defender o uso da não-violência, dizia não se tratar de renúncia de toda a forma de luta contra o mal, mas sim de uma luta ainda mais ativa e real do que a própria lei de talião. Em seu entendimento, a não-violência era uma forma mais ativa e eficaz do que o uso das armas como recurso de resistência. Resumindo, Gandhi via na violência uma ameaça aos bens materiais e ao *status quo*, enquanto que a prática da não-violência garantiria a honra e os direitos dos homens.[90]

Nesse sentido. podemos afirmar que será colhido aquilo que for plantado; sendo assim, "é preciso que os meios utilizados sejam coerentes com o fim procurado. Os meios são como a semente e o fim como a árvore. A relação é tão inevitável entre o fim e os meios como entre a árvore e a semente."[91] Por isso, a violência é ineficaz, tendo em vista que ela sempre será permeada de injustiça, mesmo que esteja a serviço de uma causa justa.

---

[88] LAFER, Celso. **A reconstrução dos direitos humanos**: um diálogo com o pensamento de Hannah Arendt. São Paulo: Companhia das Letras, 1988. p.200.
[89] CARVALHO, Márcio Menezes de. Desobediência civil. **Direito em Ação**, Brasília, v.5, n.2, p.125-144, dez. 2004. p.131.
[90] COSTA, Nelson Nery. **Ciência política**. 3.ed. rev. atual. e ampl. Rio de Janeiro: Forense, 2012. p.324-325.
[91] MULLER, Jean-Marie. **O princípio de não-violência**: precursor filosófico. Lisboa: Direito e Direitos do Homem, 1995. p.242.

Para que a desobediência civil seja exitosa, faz-se necessário que os desobedientes busquem mobilizar a opinião pública contra a lei ou ato da autoridade que está sendo desafiada. Esta mobilização deverá ser feita por meio de uma grande agitação. Quando a opinião pública se volta contra um abuso do Estado, torna-se difícil as autoridades manterem o seu apoio a tal situação. A opinião pública consciente e inteligente acaba se tornando a maior arma do resistente não-violento contra os abusos do Estado.[92]

O propósito da desobediência civil é a alteração ou reforma das leis ou das práticas do governo, contudo, não se pretende travar uma resistência revolucionária. Por isso, esta ação desobediente deve ser praticada sob os limites da civilidade, já que, ao realizar-se uma manifestação pacífica, se torna mais fácil obter a aprovação da opinião pública em relação à reivindicação.[93]

Nelson Nery Costa reforça este posicionamento ao afirmar que:

> Os atos violentos chamam mais atenção do público, nunca sendo ignorados pela imprensa. O comportamento não violento, por outro lado, apesar da publicidade menor que desperta, angaria mais simpatia. Coloca o governo em dificuldades para enfrentar o conflito: se reagir pela força, demonstra a situação injusta, e caso se abstenha, reconhece a impropriedade da norma.

Como bem disse Hannah Arendt,[94] "a prática da violência, como toda a ação, muda o mundo, mas é mais provável que seja uma mudança para um mundo mais violento". Isto é, a desobediência civil que estiver alicerçada no uso da violência tem grandes chances de acabar por gerar mais violência e não alcançar o seu objetivo real.

4.3 O DESOBEDIENTE CIVIL

A figura do desobediente civil muitas vezes é confundida com a de um criminoso ou arruaceiro, pois está vinculada a um ato contrário à lei. Apesar de ambos estarem contrariando uma lei ou determinação de autoridade, há uma grande diferença entre eles. Hannah Arendt explica que:

---

[92] MULLER, Jean-Marie. **O princípio de não-violência**: precursor filosófico. Lisboa: Direito e Direitos do Homem, 1995. p. 246.
[93] COSTA, Nelson Nery. **Teoria e realidade da desobediência civil**. 2.ed. Rio de Janeiro: Forense, 2000. p.57.
[94] ARENDT, Hannah. **Crises da República**. São Paulo: Perspectiva, 1973. p.151.

> Há um abismo de diferença entre o criminoso que evita os olhos do público e o contestador civil que toma a lei em suas próprias mãos em aberto desafio. A distinção entre a violação aberta da lei, executada em público, e a violação clandestina é tão claramente óbvia que só pode ser ignorada por preconceito ou má vontade.[95]

É esta publicidade de seus atos que distingue o desobediente civil do criminoso comum, tendo em vista que aquele se expõe publicamente com o intuito de concretizar seus objetivos e chamar a atenção da opinião pública, enquanto o criminoso busca manter seus atos no mais absoluto segredo.[96]

O desobediente civil não tem a intenção de romper com todo o ordenamento jurídico, mas somente com a lei considerada injusta, pois entende que há uma grave violação por parte desta e é sua obrigação desobedecê-la.[97] Ele não objetiva a ruptura com o Estado; o que pretende é pressionar os governantes a observarem os anseios e necessidades da sociedade.

Este objetivo fica evidente na medida em que uma das obrigações do desobediente civil é a sua submissão às sanções previstas pelo seu ato, já que a resistência se opõe ao fato de o Estado estar impondo obrigações que violam direitos e garantias ou estar sendo omisso na sua realização, mas reconhece o direito do Estado em punir quem viola as leis.[98]

A justificação da desobediência criminosa não é possível sob pena de se estar defendendo a desordem e o caos. Já a desobediência civil tem como finalidade a defesa das instituições garantidoras dos Direitos Fundamentais e, por este motivo, não pode ser comparada a atos criminosos.[99] Um ato coletivo envolto por interesses legítimos não pode ser equiparado a um fato criminoso.

A transgressão cometida pelo desobediente civil é uma expressão de protesto, pois, no entendimento de Habermas, a lei ou ato de autoridade pública não é legítima, embora tenha

---

[95] ARENDT, Hannah. **Crises da República**. São Paulo: Perspectiva, 1973. p.69.
[96] BUZANELLO, José Carlos. **Direito de resistência constitucional**. 2.ed. Rio de Janeiro: Lumen Juris, 2006. p.165.
[97] COSTA, Nelson Nery. **Teoria e realidade da desobediência civil**. 2.ed. Rio de Janeiro: Forense, 2000. p.52-53.
[98] *Ibidem*, p.58.
[99] TAVARES, Geovani de Oliveira. **Desobediência civil e direito político de resistência**. Campinas: Edicamp, 2013. p.52.

sido legalmente elaborada ou decidida.[100] Os desobedientes civis estão convictos de que, mesmo formalmente constituída no seu aspecto material, a lei ou ato da autoridade não tem validade.

Na visão do desobediente civil, a lei ou ato da autoridade não pode ser obedecido, tendo em vista que é injusto e vai de encontro aos Princípios Constitucionais e Direitos Fundamentais assegurados.[101] Quer dizer que, em última análise, o desobediente civil está buscando defender a própria Constituição contra os abusos e excessos dos governantes.

Apesar desta larga diferença apresentada, ainda há certa dificuldade da sociedade em separar a figura do desobediente civil do criminoso, uma vez que ambos violam a lei. Porém, não é plausível a afirmação de que os atos de desobediência civil estão propensos a originar atos criminosos. Mesmo que os movimentos oposicionistas, como é o caso da desobediência civil, possam atrair indivíduos criminosos, não é correto vincular este instituto à criminalidade, já que os criminosos são perigosos tanto em movimentos políticos quanto para a sociedade de uma maneira geral.[102]

Hannah Arendet, de forma brilhante, distingue muito bem a causa de cada um destes fenômenos ao dizer que, "enquanto a desobediência civil pode ser considerada como uma indicação de perda significativa da autoridade da lei, a desobediência criminosa não é mais que a conseqüência inevitável da desastrosa erosão da competência e do poder policial."[103]

---

[100] HABERMAS, Jürgen. **Direito e democracia**: entre facticidade e validade, volume II. Rio de Janeiro: Tempo Brasileiro, 1997. p. 117.
[101] TAVARES, Geovani de Oliveira. **Desobediência civil e direito político de resistência**. Campinas: Edicamp, 2013. p.53.
[102] ARENDT, Hannah. **Crises da República**. São Paulo: Perspectiva, 1973. p.68.
[103] *Ibidem*, p.68.

5 DESOBEDIÊNCIA CIVIL COMO DIREITO FUNDAMENTAL IMPLÍCITO

A desobediência civil pode ser entendida, conforme explicação de Norberto Bobbio, como sendo "uma forma particular de desobediência, na medida em que é executada com o fim imediato de mostrar publicamente a injustiça da lei e com o fim mediato de induzir o legislador a mudá-la."[104] Portanto, o objetivo central do desobediente civil é chamar a atenção da opinião pública para a injustiça da lei ou do ato da autoridade pública.

Maria Garcia, neste mesmo sentido, define a desobediência civil inspirada em Celso Lafer como sendo uma "ação que objetiva a inovação e a mudança da norma por meio da publicidade do ato de transgressão, visando demonstrar a injustiça da lei."[105] Assim, a desobediência civil não deve ser comparada a um ato delitivo, tendo em vista que a publicidade deste ato é imprescindível para o alcance do objetivo central do instituto.

Portanto, a desobediência civil pode ser considerada como um instrumento da sociedade para interferir de forma direta nas instituições e decisões do Estado, repercutindo diretamente no ordenamento jurídico, haja vista o direito estar em constante busca da realização da democracia e da justiça.[106] A desobediência civil aparece como mais uma forma ativa de participação do cidadão na tomada de decisão política.

À medida que aprofundamos o estudo acerca do instituto da desobediência civil, surge o questionamento a respeito da possibilidade de considerá-lo como um direito fundamental garantido pela Constituição Brasileira de 1988. É possível considerarmos a desobediência civil como um direito fundamental, mesmo que implícito, a partir de uma análise da própria Constituição Federal Brasileira?

Para que tal questionamento seja respondido, é imprescindível que se faça uma análise da própria Constituição Federal como um sistema aberto e, posteriormente, que se entenda o alcance de alguns princípios basilares da Carta Magna. Ao longo desta análise, será possível construir uma justificativa jurídica de que a desobediência civil é um direito fundamental

---

[104] BOBBIO, Norberto; MATTEUCCI, Nicola; PASQUINO, Gianfranco. **Dicionário de política**. 13.ed. Brasília: Editora Universidade de Brasília, 2010. p.335.
[105] GARCIA, Maria. **Desobediência civil**: direito fundamental. 2.ed. rev. atual. e ampl. São Paulo: Revista dos Tribunais, 2004. p.274.
[106] COSTA, Nelson Nery. **Teoria e realidade da desobediência civil**. 2.ed. Rio de Janeiro: Forense, 2000. p.154.

garantido implicitamente pela Constituição Federal em decorrência de uma visão de unidade da Constituição, uma interpretação aberta e aplicação dos princípios constitucionais.

Desta maneira, o conceito da desobediência civil, como uma espécie do direito de resistência, pode ser estabelecido sob o enfoque de duas perspectivas: uma política e a outra jurídica. A primeira diz respeito à capacidade de um grupo de pessoas descumprirem uma obrigação jurídica tendo como fundamento questões jurídicas, políticas ou morais, e a segunda trata a desobediência civil como uma realidade constitucional, indicando um enfrentamento, seja por ação ou omissão, contra atos ou leis injustas advindas do Estado.[107]

5.1 ANÁLISE DA CONSTITUIÇÃO FEDERAL BRASILEIRA DE 1988

Eduardo C. B. Bittar ensina que, a partir da Constituição Federal de 1988, foram introduzidas muitas mudanças, as quais afetaram mecanismos institucionais e práticas sociopolíticas que até então estavam presentes no ordenamento jurídico pátrio. O texto constitucional inovou ao apresentar um novo panorama jurídico e garantir diversos direitos fundamentais até então ignorados.[108]

Luís Roberto Barroso sintetiza a quebra de paradigma que a Constituição Federal Brasileira de 1988 acarretou:

> A Constituição brasileira de 1988 tem, antes e acima de tudo, um valor simbólico: foi ela o ponto culminante do processo de restauração do Estado democrático de direito e da superação de uma perspectiva autoritária, onisciente e não pluralista de exercício do poder, timbrada na intolerância e na violência.[109]

Estas mudanças romperam com os valores até então vigentes, o que ocasionou um impacto direto na sociedade, pois a Constituição passa a ser considerada uma carta cidadã. Este apelido é dado em razão de o texto constitucional abarcar os anseios da sociedade e

---

[107] BUZANELLO, José Carlos. Estatuto do direito de resistência. revista de direito constitucional e internacional. **Cadernos de Direito Constitucional e Ciência Política**, São Paulo, v.11, n.42, p.207-217, jan./mar. 2003. p.210.
[108] BENEVIDES, Maria Victoria de Mesquita; BERCOVICI, Gilberto; MELO, Claudineu de. **Direitos humanos, democracia e república**: Homenagem a Fábio Konder Comparato. São Paulo: QuartierLatin, 2009. p.348.
[109] BARROSO, Luís Roberto. **Temas de direito constitucional**. 2.ed. Rio de Janeiro: Renovar, 2002. p.10.

colocar-se como um instrumento da cidadania para que assim fosse possível concretizar os fins sociais aspirados pela própria sociedade.[110]

Na medida em que o processo constituinte originário da Carta Constitucional de 1988 teve como protagonista a sociedade civil, que até então estava à margem de um Estado dominado por interesses particulares/privados no que diz respeito à ordem política e econômica, abre-se um espaço amplo para a participação popular na tomada de decisões políticas. Com isso, buscou-se recuperar as liberdades públicas e garantir o caráter democrático do Estado.[111]

Nessa linha, a Constituição Brasileira buscou a garantia e proteção de bens jurídicos fundamentais de seus cidadãos, sendo do Estado o dever de proteção destes direitos fundamentais, seja da intervenção de terceiros, seja do próprio Estado. Porém, este dever não fica adstrito em somente proteger tais direitos fundamentais, e estende-se para promover sua realização.[112]

A teoria dos deveres de proteção do Estado pode ser entendida como uma garantia que o cidadão, titular de direitos fundamentais, tem frente ao Poder Público, já que, além do dever de criar as necessárias condições para a realização dos direitos fundamentais, o Estado deve abster-se de violá-los e impedir que um terceiro ameace tais direitos.[113] Ou seja, ao mesmo tempo em que são confiados direitos fundamentais aos cidadãos, são impostos ao Estado deveres para que tais direitos sejam protegidos e concretizados.

Isto pode ser demonstrado a partir do momento em que vislumbramos o início do texto constitucional, pois a Constituinte de 1988 elencou uma carta de proteção dos cidadãos contra abusos e omissões do poder estatal ou de terceiros, visando a demonstrar o caminho a ser seguido pelo legislador e pela Administração Pública. Desse modo, a Constituição Brasileira pode ser definida como uma constituição dirigente, termo importado do constitucionalismo

---

[110] BENEVIDES, Maria Victoria de Mesquita; BERCOVICI, Gilberto; MELO, Claudineu de. **Direitos humanos, democracia e república**: Homenagem a Fábio Konder Comparato. São Paulo: QuartierLatin, 2009. p.348.
[111] BARROSO, Luís Roberto. **Temas de direito constitucional**. 2.ed. Rio de Janeiro: Renovar, 2002. p.11.
[112] DUQUE, Marcelo Schenk. **Direito privado e constituição**: drittwirkung dos direitos fundamentais, construção de um modelo de convergência à luz dos contratos de consumo. São Paulo: Revista dos Tribunais, 2013. p.319.
[113] *Ibidem,* p.321.

português. Neste constitucionalismo, são estabelecidos os fins e objetivos que o Estado e a sociedade devem perseguir.[114]

Uma Constituição dirigente objetiva a inclusão de normas programáticas no texto constitucional, as quais indicam os programas e diretrizes que devem ser seguidos tanto pelo legislador quanto pela a Administração Pública. Assim, são estabelecidos os fins e os objetivos a serem perseguidos pelo Estado e pela própria sociedade.[115] Por isso, quando o Estado, seja por meio das leis ou por atos das autoridades públicas, ignora ou viola as diretrizes traçadas nas normas constitucionais, acaba por respeitar a vontade do constituinte originário e, portanto, perde a sua legitimidade perante a sociedade.

5.2 CONSTITUIÇÃO COMO CARTA ABERTA

Pelo fato de a Constituição Federal Brasileira ser rígida e, consequentemente, tornar dificultoso o processo de alteração de seu conteúdo, faz-se necessária a utilização de métodos interpretativos, possibilitando a interação entre a Carta Magna e as exigências/necessidades da sociedade ao longo do tempo. Assim, por meio da hermenêutica, é possível operar uma mudança tácita da Constituição sem deixar de preservar a ordem constitucional.[116]

Paulo Bonavides contribui de maneira significativa para este entendimento quando afirma que:

> [...] nem por isso devemos admitir se possa dar à norma constitucional, salvo violentando-lhe o sentido e natureza, uma interpretação de todo mecânica e silogística, indiferente à plasticidade que lhe é inerente, e a única aliás a permitir acomodá-la a fins, cujo teor axiológico assenta nos princípios com que a ideologia tutela o próprio ordenamento.[117]

Na medida em que a sociedade brasileira é composta por uma pluralidade de sujeitos e grupos, cada um com características e necessidades específicas, e está calcada em ideais democráticos e valores heterogêneos, a Constituição cumpre o papel de compor estas diferenças. Ela é a depositária e garantidora das diferentes ideologias e convicções para que

---
[114] BARROSO, Luís Roberto. **Temas de direito constitucional**. 2.ed. Rio de Janeiro: Renovar, 2002. p.12.
[115] *Ibidem*, p.12.
[116] BONAVIDES, Paulo. **Curso de direito constitucional**. 26.ed. São Paulo: Malheiros, 2011. p.458-459.
[117] *Ibidem*, p.461.

seja assegurada a concretização de um Estado democrático. Daí não ser plausível entendê-la como um sistema fechado.[118]

Dessa maneira, pode-se perceber que o Direito e a realidade (mundo dos fatos) estão entrelaçados, devendo haver uma comunicação entre em ambos,[119] pois de nada adiantaria o Direito estar alicerçado em orientações, valores, princípios e regras que não fossem aplicáveis no plano dos fatos ou que não atendessem às necessidades da sociedade. Faz-se necessária, então, uma convergência entre o Direito e a sociedade civil.

Entende-se que a Constituição necessita ficar aberta ao tempo, para que assim possa ser interpretada conforme o período atual, pois ela deve abarcar as mais variadas situações que se transformam ao longo do tempo. A ideia de mobilidade da Constituição em nada tem a ver com os conceitos de rigidez ou flexibilidade definidos pelo constituinte, e sim com a interpretação constitucional, tendo como objetivo a atualização da Constituição em face das transformações sociais ocorridas ao longo da história.[120]

A abertura constitucional possibilita a concretização do Direito Constitucional no plano dos fatos, na realidade da sociedade, e isto é alcançado em razão da presença dos princípios constitucionais. São eles que permitem a flexibilização da Constituição, uma vez que oportunizam uma interpretação constitucional. A presença dos princípios constitucionais, bem como de cláusulas abertas na Constituição, permite uma liberdade maior de interpretação e, consequentemente, proporciona uma atualização da Lei Maior em relação à evolução da sociedade.[121]

Nesse sentido, são sábias as palavras de Paulo Bonavides a respeito da interpretação da Constituição:

> O bom êxito da moderna metodologia ficará porém a depender de um não-afrouxamento da normatividade pelos órgãos constitucionais judicantes na medida em que estes fizerem uso dos novos instrumentos hermenêuticos, nascidos da

---

[118] LEITE, George Salomão; LEITE, Glauco Salomão. **A abertura da Constituição em face dos princípios constitucionais**. Dos princípios constitucionais: considerações em torno das normas principiológicas da Constituição. 2.ed. rev. atual. e ampl. São Paulo: Método, 2008. p.23.
[119] BONAVIDES, Paulo. **Curso de direito constitucional**. 26.ed. São Paulo: Malheiros, 2011. p.506.
[120] DUQUE, Marcelo Schenk. **Curso de direitos fundamentais**: teoria e prática. São Paulo: Revista dos Tribunais, 2014. p.199.
[121] LEITE, George; LEITE, Glauco, *op. cit.*, p.29-30.

necessidade de maior adequação da Constituição com a realidade, bem como do dinamismo normativo do Estado social, o Estado que constrói o futuro da sociedade democrática.[122]

Além disso, é primordial entender a Constituição como uma unidade material, pois somente desta maneira ela poderá ser plenamente compreendida e interpretada. Contudo, ela não deve ser vista como uma unidade de sistema fechado, e sim como uma unidade aberta que está em constante contato com a sociedade e suas mais variadas formas de vida, ou seja, a sociedade e a Constituição estão em constante comunicação.[123]

O princípio da unidade da Constituição é tratado por Canotilho em uma das obras do jurista português como sendo:

> [...] uma exigência da coerência narrativa do sistema jurídico. O princípio da unidade, como princípio de decisão, dirige-se aos juízes e a todas as autoridades encarregadas de aplicar as regras e princípios jurídicos, no sentido de as lerem e compreenderem na medida do possível, como se fossem obras de um só autor, exprimindo uma concepção correcta do direito e da justiça.[124]

Sendo assim, pode-se definir a Constituição a partir de quatro pontos de vista: como um sistema jurídico, tendo em vista que é um sistema dinâmico no que se refere às suas normas; como um sistema aberto, pelo fato de possuir uma estrutura dialógica e, por isso, suas normas estarem abertas a captar as mudanças sociais, havendo assim uma sintonia entre a Constituição e a realidade social; trata-se de um sistema normativo, haja vista que a sua estrutura de expectativa em relação aos valores e diretrizes é feita por meio de normas; e, por fim, é um sistema de princípios e regras, pois sua estrutura contempla as duas espécies de normas.[125]

5.3 MÉTODO CONCRETISTA DA CONSTITUIÇÃO ABERTA

Em razão de tudo o que foi explanado até o momento, entende-se que deve ser aplicado o método de interpretação construído por Peter Häberle, denominado de método concretista da "Constituição aberta", no que se refere à interpretação da Constituição Federal

---

[122] BONAVIDES, Paulo. **Curso de direito constitucional**. 26.ed. São Paulo: Malheiros, 2011. p.517.
[123] DUQUE, Marcelo Schenk. **Direito privado e constituição**: drittwirkung dos direitos fundamentais, construção de um modelo de convergência à luz dos contratos de consumo. São Paulo: Revista dos Tribunais, 2013. p.394-395.
[124] CANOTILHO, José Joaquim Gomes. **Direito constitucional e teoria da constituição**. 7.ed. Coimbra: Edições Almedina, 2003. p.1184.
[125] *Ibidem*, p.1159.

Brasileira de 1988. Häberle considera que a investigação a respeito de todos os que participam do processo de interpretação constitucional é consequência de uma perspectiva socioconstitucional advinda do conceito republicano e permite uma interpretação aberta da Constituição.[126]

Este método de Häberle inovou ao propor uma interpretação constitucional adequada a uma sociedade pluralista e aberta, abrindo a possibilidade de toda a sociedade participar do processo interpretativo da Constituição e não apenas restringi-lo aos juristas. Ou seja, a interpretação constitucional não está mais monopolizada nas mãos dos técnicos, mas passa a ser compartilhada com todos aqueles envolvidos e atingidos pelo processo interpretativo.[127]

O método interpretativo desenvolvido por Häberle pode ser desdobrado por meio de dois pontos principais: o alargamento do círculo de intérpretes da Constituição e o conceito de interpretação como um processo aberto e público. Sendo assim, a interpretação da Constituição é distinguida por Häberle em seu sentido estrito e seu sentido lato. A interpretação no primeiro sentido utiliza-se dos métodos tradicionais de Savingy, e a interpretação lata abre amplo espaço para o debate e a renovação. Esta última interpretação acaba por absorver a primeira, ou seja, ele não nega a importância da primeira forma de interpretação, mas adverte que esta não pode ser a única interpretação a ser utilizada.[128]

Paulo Bonavides define a acepção lata da interpretação constitucional de Peter Häberle como sendo:

> [...] realmente interpretação, visto que serve de ponte para ligar o cidadão, como intérprete, ao jurista, como hermeneuta profissional. Com isso se faz juridicamente relevante a interpretação viva do cidadão em face daquela que compreende, por vias cognitivas e racionais, o jurista habilitado, a primeira impessoal, a segunda, exercitada consciente e personalizadamente.[129]

A interpretação constitucional tradicional está pautada em um modelo de sociedade fechada em relação aos intérpretes da Constituição. Porém, se o que se busca é a plena

---

[126] HÄBERLE, Peter. **Hermenêutica constitucional**: a sociedade aberta dos intérpretes da Constituição: contribuição para a interpretação pluralista e procedimental da Constituição. Porto Alegre: Sergio Antonio Fabris, 1997. p.19.
[127] LOSEKANN, Luciano André. A hermenêutica concretista em Peter Häberle e a jurisdição constitucional no Brasil. **Revista da Ajuris**, Porto Alegre, v.31, n.93. p.155-176, mar. 2004. p.156.
[128] BONAVIDES, Paulo. **Curso de direito constitucional**. 26.ed. São Paulo: Malheiros, 2011. p.509-510.
[129] *Ibidem*, p.510.

concretização da Constituição, devem ser considerados todos os sujeitos compreendidos nesta Constituição. Assim, será possível permitir o surgimento de um modelo de sociedade aberta mediante uma interpretação constitucional pela e para esta sociedade.[130]

Apesar de os cidadãos e os grupos sociais não possuírem uma legitimação para a interpretação do texto constitucional em seu sentido estrito, ficando esta tarefa apenas para os intérpretes oficiais, não podemos conceber que o desenvolvimento da democracia esteja apenas vinculado à representatividade dos governantes e à restrição dos intérpretes da Constituição. Em uma sociedade aberta, a democracia desenvolve-se de maneira a mediar o processo público e pluralista da política, especialmente no que se refere aos direitos fundamentais.[131]

Häberle diz que:

> Interpretação constitucional tem sido, até agora, conscientemente, coisa de uma sociedade fechada. Dela tomam parte apenas os intérpretes jurídicos vinculados às corporações e aqueles participantes formais do processo constitucional. A interpretação constitucional é, em realidade, mais um elemento da sociedade aberta. Todas as potências públicas, participantes materiais do processo social, estão nela envolvidas, sendo ela, a um só tempo, elemento resultante da sociedade aberta e um elemento formador ou constituinte desta sociedade.[132]

Por isso, se almejamos uma democratização da interpretação constitucional, não mais restrita aos intérpretes oficiais, é imprescindível que a teoria da interpretação esteja vinculada ao conceito de democracia. Isto só é possível à medida que o cidadão, como parte integrante da sociedade, participa ativamente do processo de interpretação da Constituição. Como não são apenas os intérpretes oficiais da Constituição que vivem a norma, não é plausível que somente eles detenham a prerrogativa de interpretá-la.[133]

Ao utilizar-se esse método interpretativo da Constituição, abre-se a possibilidade de conceber a desobediência civil como um direito assegurado constitucionalmente, já que a resistência contra atos do Poder Público considerados injustos ou em desconformidade com os

---

[130] LOSEKANN, Luciano André. A hermenêutica concretista em Peter Häberle e a jurisdição constitucional no Brasil. **Revista da Ajuris**, Porto Alegre, v.31, n.93. p.155-176, mar. 2004. p.1163.
[131] HÄBERLE, Peter. **Hermenêutica constitucional**: a sociedade aberta dos intérpretes da Constituição: contribuição para a interpretação pluralista e procedimental da Constituição. Porto Alegre: Sergio Antonio Fabris, 1997. p.36.
[132] *Ibidem,* p.13.
[133] HÄBERLE, *op. cit.,* p.14-15.

anseios da sociedade permite a efetiva participação no processo de tomada decisão. Além disso, garante aos cidadãos a participação na defesa contra abusos do Poder Público, quer dizer, a sociedade aberta passa a contribuir nas definições dos conteúdos constitucionais.[134]

Portanto, o objetivo do método de interpretação da constituição aberta é democratizar o processo constitucional. Ao invés de uma "sociedade fechada", onde a concentração da interpretação constitucional fica restrita aos intérpretes oficiais, ela defende a participação dos cidadãos, dos grupos sociais e demais membros da sociedade neste processo de interpretação. Assim, abre-se espaço para que todos os que vivem a norma possam interpretá-la.[135]

Nessa linha de pensamento, pode ser feito um paralelo entre o método interpretativo e a desobediência civil, segundo entendimento do professor Maurício Gentil Monteiro quando explica que "essa interpretação que vem da sociedade pode ser expressa mediante atos de resistência à autoridade, capaz inclusive de ser reconhecida como legítima e constitucionalmente aceita, elidindo inclusive qualquer ilicitude que poderia decorrer da sua prática."[136]

5.4 ARTIGO 5°, § 2° DA CONSTITUIÇÃO FEDERAL DO BRASIL DE 1988

Segundo Ruy Barbosa Nogueira, a Constituição não pode ter limitado o seu comando e alcance por meio de normas isoladas, mas deve ser feita uma interpretação conjugada de todas as disposições expressas e mais as implícitas, decorrentes dos princípios orientadores. Somente assim haverá uma aplicação completa dos valores que norteiam, que fundamentam Constituição e são por ela assegurados.[137]

Com base nesta afirmação, é possível realizar uma avaliação do artigo 5°, §2° da Constituição Federal Brasileira de 1988: "Os direitos e garantias expressos nesta Constituição não excluem outros decorrentes do regime e dos princípios por ela adotados, ou dos tratados internacionais em que a República Federativa do Brasil seja parte." [138] A partir da análise

---

[134] MONTEIRO, Maurício Gentil. **O direito de resistência na ordem jurídica constitucional**. Rio de Janeiro: Renovar, 2003. p.172-173.
[135] *Ibidem*, p.170.
[136] MONTEIRO, *op. cit.*, p.174.
[137] NOGUEIRA, Ruy Barbosa. **Imunidades**. São Paulo: Saraiva, 1992. p.36.
[138] BRASIL. Constituição (1988). **Constituição da República Federativa do Brasil de 1988**. Disponível em: <http://www.planalto.gov.br/ccivil_03/constituicao/constitui%C3%A7ao.htm>. Acesso em: 9 nov. 2014.

deste dispositivo, fica explícito que o constituinte não quis esgotar todos os direitos e garantias assegurados pela Constituição de forma taxativa e, portanto, previu uma cláusula aberta material, deixando espaço para a possibilidade de reconhecimento de outros direitos fundamentais.

Esta abertura material do catálogo dos direitos fundamentais encontrada no artigo 5º, §2ª da Constituição de 1988 é decorrente, em primeira análise, da forma pela qual a República Federativa do Brasil foi constituída, tendo como base o exercício democrático do governo no Estado. Além disso, este reconhecimento da existência de outros direitos fundamentais, para além dos elencados de forma explícita na Constituição, pode ser analisado a partir da afirmação e concretização do princípio da cidadania, sendo este um dos fundamentos da República.[139]

Ingo Wolfgang Sarlet explica que, por mais analítica que seja a Constituição, e mesmo que tenha previsto um rol extensivo de direitos e garantias fundamentais, ela não impossibilita que haja o reconhecimento de outros direitos e garantias, haja vista ser possível a aplicação do princípio *inclusiusunius est exclusius* em decorrência do artigo 5º §2º da Constituição Federal de 1988. Em outras palavras, significa dizer que podem ser reconhecidos outros direitos e garantias implícitos a partir de uma interpretação da Carta Magna como uma unidade.[140]

A Constituição considera outros direitos para além dos fixados no rol de direitos fundamentais do artigo 5º. Desse modo, o nosso sistema constitucional garante materialmente outros direitos existentes já no mundo dos fatos.[141] Isto é possível justamente pelo fato de estarmos diante de uma unidade constitucional, em que as normas estão interligadas umas com as outras e também pela abertura constitucional, a qual possibilita uma interação entre a Constituição e a realidade social.

Uma sistematização jurídica exige um valor condutor integrativo, sendo que este permeará todo o ordenamento jurídico. Assim, a dignidade humana é considerada esse valor

---

[139] GARCIA, Maria. **Desobediência civil**: direito fundamental. 2.ed. rev. atual. e ampl. São Paulo: Revista dos Tribunais, 2004. p.236.
[140] BENEVIDES, Maria Victoria de Mesquita; BERCOVICI, Gilberto; MELO, Claudineu de. **Direitos humanos, democracia e república**: Homenagem a Fábio Konder Comparato. São Paulo: QuartierLatin, 2009. p.527.
[141] BUZANELLO, José Carlos. **Direito de resistência constitucional**. 2.ed. Rio de Janeiro: Lumen Juris, 2006. p.219.

condutor integrativo, pois se trata do valor supremo constitucional, o princípio que sustenta e orienta todo ordenamento jurídico brasileiro. A dignidade humana aparece como a referência central do catálogo de direitos fundamentais da Constituição, por isso, grande parte destes direitos, alguns de forma mais acentuada do que outros, são considerados manifestações da dignidade.[142]

Este valor supremo que é a dignidade humana está dirigido aos poderes públicos, pois este valor é garantido a toda pessoa, somente pelo fato de sua existência. O Estado deve sempre levar em consideração o Princípio da Dignidade da Pessoa Humana quando estiver em seu processo de tomada de decisão, haja vista que este princípio impõe limites à atuação do poder estatal e serve como uma proteção das pessoas frente ao abuso ou arbitrariedade dos governantes.[143]

Os direitos fundamentais elencados na Constituição são direitos mínimos do homem, garantidos em um documento solene com o objetivo de evitar o arbítrio e abuso do poder estatal.[144] Todavia, não restringem a existência de outros direitos decorrentes de uma análise conjunta da própria Constituição Federal Brasileira, como é o caso da desobediência civil, a qual tem por finalidade o exercício do interesse público.

José Carlos Buzanello define o significado da abertura constitucional dada pela cláusula contida no §2º do artigo 5º da Carta Magna da seguinte maneira:

> A abertura constitucional possibilita a ampliação de novos direitos e, desta forma, o direito de resistência serve como mais uma garantia constitucional ao Estado de direito. Os princípios fundamentais adotados pela Constituição fazem parte da consciência jurídica, com recepção plena nos textos constitucionais. A Constituição, em sentido jurídico, precisa ser complementada pelos elementos político-jurídico-não-organizados na Constituição formal pelos princípios implícitos. O fato de não constar no texto constitucional não quer dizer que um elemento esteja excluído da realidade jurídica.[145]

Dessa maneira, é plenamente factível o reconhecimento da desobediência civil como um direito fundamental garantido implicitamente pela própria Constituição Federal Brasileira

---

[142] DUQUE, Marcelo Schenk. **Curso de direitos fundamentais**: teoria e prática. São Paulo: Revista dos Tribunais, 2014. p.277-278.
[143] *Ibidem*, p.268.
[144] BUZANELLO, José Carlos. **Direito de resistência constitucional**. 2.ed. Rio de Janeiro: Lumen Juris, 2006. p.205.
[145] *Idem*. Estatuto do direito de resistência. **Revista de Direito Constitucional e Internacional**: Cadernos de Direito Constitucional e Ciência Política, São Paulo. v.11. n.42, p.207-217, jan./mar. 2003. p. 212.

de 1988, haja vista existir um dispositivo que permite o reconhecimento de outros direitos e garantias para além dos elencados no texto constitucional. É possível fundamentar este direito a partir da interpretação e aplicação dos princípios do Estado Democrático de Direito, da soberania popular e da cidadania.

5.5 PRINCÍPIOS APTOS A FUNDAMENTAR A DESOBEDIÊNCIA CIVIL COMO DIREITO FUNDAMENTAL IMPLÍCITO

A partir da abertura dada pelo artigo 5º, §2º da Constituição Federal Brasileira a novos direitos e garantias decorrentes de princípios ou do próprio regime adotado, é possível fundamentarmos a desobediência civil como sendo um direito fundamental implícito com base nos princípios da democracia, soberania popular e cidadania.

A essência da democracia pode ser apresentada, segundo Canotilho[146], pela fórmula de Lincoln: "governo do povo, pelo povo, para o povo". Desta afirmação, podemos entender que o princípio democrático não deve ser limitado ao processo eleitoral, em que eleitores escolhem seus representantes, mas deve ser o impulso dirigente de uma sociedade, ou seja, as decisões tomadas e leis criadas devem estar em consonância com os interesses sociais.

Ao analisarmos a frase proferida por Lincoln a respeito do significado de democracia de uma maneira mais aprofundada, veremos que o governo do povo se refere justamente à fonte e à titularidade do poder, o qual está intrinsecamente ligado ao princípio da soberania popular, sendo este primordial em um regime democrático. Já o governo pelo povo está baseado no consentimento popular, ou seja, na livre e voluntária aderência do povo em relação à autoridade. Esta adesão é o que legitima o exercício do poder pela autoridade. Por fim, o governo para o povo visa à garantia de liberdade, bem-estar e segurança dos membros da sociedade, isto é, os interesses coletivos e sociais devem ser priorizados no momento das tomadas de decisões políticas e criação das leis.[147]

---

[146] CANOTILHO, José Joaquim Gomes. **Direito constitucional e teoria da constituição**. 7.ed. Coimbra: Edições Almedina, 2003. p.287.
[147] SILVA, José Afonso. **Curso de direito constitucional positivo**. 32.ed. rev.e atual. São Paulo: Malheiros, 2009. p.135.

Segundo José Afonso da Silva,[148] a democracia não pode ser concebida como um conceito político abstrato e estático. Ela deve ser vista como um processo de afirmação da sociedade e de garantia dos Direitos Fundamentais, que vão sendo conquistados ao longo do tempo pela sociedade. Trata-se, portanto, de um processo histórico que está em permanente movimento.

A democracia expressa no Estado Democrático de Direito é compreendida por José Afonso da Silva como sendo:

> [...] processo de convivência social numa sociedade livre, justa e solidária, em que o poder emana do povo, e deve ser exercido em proveito do povo, diretamente ou por representantes eleitos; participativa, porque envolve a participação crescente do povo no processo decisório e na formação dos atos de governo, pluralista, porque respeita a pluralidade de ideias, culturas e etnias e pressupõe assim o diálogo entre opiniões e pensamentos divergentes e a possibilidade de convivência de formas de organização e interesses diferentes da sociedade.[149]

Para Paulo Bonavides, a democracia permite o surgimento de forças sociais, as quais obrigam o sistema político a seguir o caminho da renovação e da eficácia.[150] Esse contexto abordado pelo autor demonstra de forma clara a alusão aos excluídos da sociedade, que não são reconhecidos como sujeitos de direito e estão à margem da sociedade. Na medida em que a democracia é garantida, grupos sociais que até então não tinham voz perante o Estado e perante a própria sociedade ganham força, consequentemente, mais espaço.

Sob a égide do Estado Democrático de Direito, tanto a sociedade civil quanto o Estado, apesar de serem conceitualmente diferentes, devem manter uma conexão constante, a qual será realizada na esfera pública social.[151] Não havendo tal conexão, não é plausível que os indivíduos de uma sociedade fiquem submissos a decisões ou leis que tenham como objetivo a satisfação de interesses particulares.

Neste momento, cabe a utilização do conceito de esfera pública conforme entendido por Habermas. Para ele, trata-se de um espaço aberto para o diálogo com o objetivo maior do entendimento entre os participantes para que sejam estabelecidos posicionamentos e opiniões,

---

[148] SILVA, José Afonso. **Curso de direito constitucional positivo**. 32.ed. rev.e atual. São Paulo: Malheiros, 2009. p.131.
[149] *Ibidem*, p.119.
[150] BONAVIDES, Paulo. **Teoria do Estado**. 3.ed. São Paulo: Malheiros, 1995. p.26.
[151] REPÔLES, María Fernanda Salcedo. **Habermas e a desobediência civil**. Belo Horizonte: Mandamentos, 2003. p.136-137.

tendo por função a abertura do diálogo em relação aos problemas da sociedade de uma maneira geral.[152]

Segundo entendimento de Canotilho,[153] "o poder político deriva do poder dos cidadãos", ou seja, a relação entre o Direito e o poder do Estado deve ser pautada pelo princípio democrático, por meio da legitimidade conferida pelo povo. O povo, mediante sua anuência, conferirá legitimidade aos atos e decisões do poder estatal. Sendo assim, se não houver aquiescência do povo não há que se falar em atos ou decisões legítimas.

Por isso que a democracia não pode ser conferida somente a um grupo privilegiado, mas sim a toda a sociedade civil. O seu objetivo é garantir um processo político mais claro, o qual permita uma participação mais ativa de todos os cidadãos na esfera pública. Pois, desta forma a sociedade estará chancelando a legitimidade dos atos e decisões advindas do Estado.[154]

Em razão da falta de confiança no sistema representativo e a previsão constitucional de conciliação entre a representatividade e a participação ativa e direta dos membros da sociedade nas decisões políticas, faz-se necessária cada vez mais uma conscientização do indivíduo como detentor do status de cidadão diante do Estado.[155] O cidadão passa a fazer parte da tomada decisão política e deixa de lado a passividade de quem apenas observa o que está sendo decidido.

Nessa linha, a desobediência civil possibilita aos cidadãos a participação ativa na modificação da interpretação do Direito em um Estado Democrático de Direito, pois a legitimidade deste Direito só será possível quando houver uma correlação entre o poder estatal e a sociedade.[156] Caso contrário, estaremos diante de um Direito formalmente legal, mas sem legitimidade material.

---

[152] HABERMAS, Jürgen. **Direito e democracia**: entre facticidade e validade, volume II. Rio de Janeiro: Tempo Brasileiro, 1997. p.92.
[153] CANOTILHO, José Joaquim Gomes. **Direito constitucional e teoria da constituição**. 7.ed. Coimbra: Edições Almedina, 2003. p.98.
[154] EMERIQUE, Lilian Márcia Balmant. Democracia e o direito de oposição política. **Revista de Direito Constitucional e Internacional**, São Paulo. v.14, n.57, p.192-211, out./dez. 2006. p.196.
[155] TAVARES, Geovani de Oliveira. **Desobediência civil e direito político de resistência**. Campinas: Edicamp, 2013. p. 31.
[156] REPÔLES, María Fernanda Salcedo. **Habermas e a desobediência civil**. Belo Horizonte: Mandamentos, 2003. p.128.

Atualmente, vivencia-se uma mudança na visão do conceito de democracia, pois não há somente espaço para o formato representativo, mas cada vez mais há uma abertura para uma democracia mais participativa. Com isto, não se busca o fim das eleições e da própria representatividade; o que se busca é a participação mais ativa do maior interessado no desenvolvimento da sociedade, o próprio povo. [157]

As forças sociais originadas no seio da sociedade vitalizam a democracia e conferem legitimidade à relação entre o Estado e a sociedade, pois, sem participação popular, não há democracia.[158] Isto quer dizer que não basta a simples previsão de direito ao voto para que possamos considerar um Estado verdadeiramente democrático, mas sim que se permita a participação mais ampla possível da sociedade na tomada de decisões políticas, econômicas e sociais.

Junto ao Estado Democrático de Direito, está o princípio da soberania popular, que, no caso do Brasil, está consagrado no parágrafo único do artigo 1º da Constituição Federal de 1988.[159] Para que este preceito seja realmente efetivado, ou seja, o poder realmente emanar do povo, é necessário haver um vínculo entre o povo e este poder. A vontade popular deve ser a fonte do poder, e o exercício deste deve ser pautado nesta vontade; caso contrário, estaríamos diante de um regime autocrático, em que o poder advém somente da autoridade política.[160]

O enunciado do artigo 1º, parágrafo único da Constituição Federal Brasileira de 1988, *todo o poder emana do povo*, deixa explícito que o detentor da soberania popular é o cidadão. Sendo assim, ele é quem tem o poder de elaborar as leis e de participar das decisões pertinentes às políticas adotadas pelo governo. Por isso, o cidadão tem o direito de não cumprir a lei ou de deixar de obedecer a algum ato de autoridade, visando à revogação destes quando forem de encontro às disposições constitucionais, seus direitos e garantias fundamentais.[161]

---

[157] BENEVIDES, Maria Victoria de Mesquita; BERCOVICI, Gilberto; MELO, Claudineu de. **Direitos humanos, democracia e república**: Homenagem a Fábio Konder Comparato. São Paulo: QuartierLatin, 2009. p.727.
[158] *Ibidem*, p.826.
[159] BRASIL. Constituição (1988). **Constituição da República Federativa do Brasil de 1988**. Disponível em: <http://www.planalto.gov.br/ccivil_03/constituicao/constitui%C3%A7ao.htm>. Acesso em: 9 nov. 2014.
[160] SILVA, José Afonso. **Curso de direito constitucional positivo**. 32.ed. rev.e atual. São Paulo: Malheiros, 2009. p.133.
[161] TAVARES, Geovani de Oliveira. **Desobediência civil e direito político de resistência**. Campinas: Edicamp, 2013. p.46.

Na opinião de Häberle, o povo não pode ser reduzido a um mero número de pessoas que se manifestam no período eleitoral e assim conferem legitimidade democrática ao processo. Antes, deve ser visto como um elemento dotado de pluralidade, e esta pluralidade deve estar presente na interpretação da Constituição para que haja uma real legitimidade. O povo deve ser visto como um grupo de interesse relevante, ao qual deve ser garantida a participação no processo de interpretação constitucional.[162]

A soberania popular concretiza-se na medida em que existem procedimentos de comunicação para a formação da opinião e da vontade institucionalizadas, isto é, quando há uma forte ligação entre a sociedade civil e o Estado.[163] Esta ligação pode ser entendida como sendo o reflexo dos anseios e necessidades da sociedade nas leis e decisões adotadas pelo Estado, ou seja, quando existe uma comunicação entre a sociedade e o Estado.

A legitimação do poder político – entenda-se a dos representantes – deve estar sedimentada no princípio da soberania popular. Sendo assim, somente o povo pode conferir legitimidade aos atos e decisões dos governantes, pois ele é o titular da soberania, do poder. Logo, para que o exercício representativo deste poder seja legítimo e eficaz, é fundamental que haja uma direta relação entre a vontade popular e os atos praticados por seus representantes.[164]

O exercício da soberania popular não precisa estar restrito a mecanismos institucionalizados formalmente para corrigir a representação política quando esta não estiver de acordo com os interesses sociais. A desobediência civil é um destes mecanismos não-institucionais de resistência contra a opressão e abusos do Estado.[165] Ela tem por finalidade mostrar que o caminho seguido pelo Estado não é condizente com o que a sociedade quer e espera dele.

---

[162] HÄBERLE, Peter. **Hermenêutica constitucional**: a sociedade aberta dos intérpretes da Constituição: contribuição para a interpretação pluralista e procedimental da Constituição. Porto Alegre: Sergio Antonio Fabris, 1997. p.37.
[163] REPÔLES, María Fernanda Salcedo. **Habermas e a desobediência civil**. Belo Horizonte: Mandamentos, 2003. p.112.
[164] CANOTILHO, José Joaquim Gomes. **Direito constitucional e teoria da constituição**. 7.ed. Coimbra: Edições Almedina, 2003. p.292.
[165] MONTEIRO, Maurício Gentil. **O direito de resistência na ordem jurídica constitucional**. Rio de Janeiro: Renovar, 2003. p.129.

Para que a soberania popular possa ser concretizada efetivamente, é imprescindível que a participação e o controle do cidadão na esfera pública sejam os mais amplos possíveis e não estejam limitados em leis. Neste cenário, surge a desobediência civil como mais uma forma de salvaguardar o direito do povo, como verdadeiro detentor da soberania, de demonstrar a sua contrariedade em relação ao destino dado pelos representantes na política, na economia ou em qualquer outra questão relevante do Estado.[166]

Maurício Gentil Monteiro explica a relação entre a soberania popular e a desobediência civil da seguinte maneira:

> Resistir ao governante, resistir a determinadas ordens legais, enfim, resistir ao poder político constituído representa um direito do povo, como resultante direto do princípio da soberania popular. Se "todo o poder emana do povo", a prática da resistência política manifesta-se aí protegida juridicamente, na linha da complementariedade entre mecanismos de democracia direta e de democracia representativa. Afinal, o governante é apenas um representante do povo, detentor da última palavra nas questões do Estado.[167]

Assim sendo, a Constituição Federal Brasileira, ao estabelecer a soberania popular como um dos fundamentos da República Federativa do Brasil, assegura implicitamente o exercício da desobediência civil como manifestação não-institucional direta do povo.[168] Quando os mecanismos institucionais de participação tiverem sido esgotados, o cidadão, como detentor da soberania, tem o direito de fazer uso da desobediência civil para pressionar o Estado a modificar as políticas adotadas. Na medida em que estes mecanismos formais de participação direta, como referendo, plebiscito e a iniciativa popular, são pouquíssimo utilizados em virtude do bloqueio das classes dominantes e dos representantes políticos destas classes, abre-se o espaço para que a desobediência civil seja utilizada como último recurso da sociedade para fazer valer a sua soberania.[169]

Na visão de Maria Garcia, pode ser traçado um paralelo entre a identidade democrática de uma sociedade e a participação do cidadão na tomada de decisão política, quer dizer, quanto maior o grau de participação do cidadão no âmbito político, mais democrática esta

---

[166] GARCIA, Maria. **Desobediência civil**: direito fundamental. 2.ed. rev. atual. e ampl. São Paulo: Revista dos Tribunais, 2004. p.273.
[167] MONTEIRO, Maurício Gentil. **O direito de resistência na ordem jurídica constitucional**. Rio de Janeiro: Renovar, 2003. p.32.
[168] *Ibidem*, p.131.
[169] MONTEIRO, *op. cit.*, p.134.

sociedade será. A cidadania não pode ser limitada aos direitos políticos elencados no artigo 14 da Constituição Federal Brasileira.[170]

Apesar disso, constantemente, deparamo-nos com decisões políticas que não são condizentes com a vontade popular, mas somente um reflexo de interesses particulares, escondidos sob o argumento da representatividade. Tendo em vista tal situação, faz-se necessária a diferenciação de duas características deste poder: a legalidade e a legitimidade.[171] Mesmo que ambos os conceitos se relacionem, não são dotados de mesmo significado, haja vista que a legitimidade só é verificada quando o poder emanado é aceito pelo povo ao qual é destinado, isto é, há o consentimento do próprio povo, sem necessidade de imposição (uso de força) para assegurar a obediência.[172] Já a legalidade, na visão de Bobbio, pode ser definida como o exercício do poder em conformidade com as leis, ou seja, as decisões estão alicerçadas nas leis; até mesmo os atos discricionários devem estar preestabelecidos em lei, caso contrário, estaremos diante de um poder arbitrário, baseado em um juízo pessoal.[173] Por isso, a legalidade está mais relacionada à ideia de processo de formalização da lei, sem haver uma preocupação no que se refere ao seu conteúdo.

Assim, quando os canais até então disponibilizados para a participação do povo não são suficientes ou não estão funcionando, quer porque o Estado não está dando atenção às reivindicações, ou estas não estão produzindo efeitos, ou o Estado está em momento de iminente mudança ou persiste em manter políticas, sob as quais pairam dúvidas acerca da legitimidade e constitucionalidade, surge a desobediência civil como garantia de participação ativa da população para contestar estas situações.[174]

Além do princípio do Estado Democrático de Direito e da Soberania Popular, o princípio da cidadania também é um fundamento para o reconhecimento da desobediência civil como um direito fundamental implícito. Nelson Nery Costa contribui para uma conceituação da cidadania como sendo:

---

[170] GARCIA, Maria. **Desobediência civil**: direito fundamental. 2.ed. rev. atual. e ampl. São Paulo: Revista dos Tribunais, 2004. p.255-256.
[171] *Ibidem*, p.256.
[172] GARCIA, *op. cit.*, p.92-93.
[173] BOBBIO, Norberto; MATTEUCCI, Nicola; PASQUINO, Gianfranco. **Dicionário de política**. 13.ed. Brasília: Editora Universidade de Brasília, 2010. p.674.
[174] ARENDT, Hannah. **Crises da República**. São Paulo: Perspectiva, 1973. p.68.

> [...] status concedido aos membros integrais de uma comunidade, iguais em direitos e obrigações. O conceito pode ser dividido em três partes: civil, político e social. O elemento civil representa os direitos necessários à liberdade individual – liberdade de locomoção, de pensamento, de fé, de contrair contratos, o direito de propriedade e o direito à justiça. O elemento político consiste no direito de participar no exercício do poder político – escolher e ser escolhido representante no governo e parlamento e manifestar-se sobre o comportamento das instituições. O elemento social deve ser entendido como o direito ao bem estar econômico – direito a remunerações compatíveis com os padrões que prevaleçam na sociedade e direito aos benefícios do sistema educacional e dos serviços sociais.[175]

Portanto, a concretização da cidadania depende da materialização dos direitos consagrados na Constituição. Isto é, na medida em que há garantia de práticas igualitárias, há participação ativa dos cidadãos na construção do espaço político, há atendimento das condições necessárias para o desenvolvimento humano, é assegurado o direito do cidadão de ter voz e de ser ouvido será possível efetivar a cidadania.[176]

Quanto maior for o distanciamento do processo de elaboração das leis e da tomada de decisão em relação aos anseios da sociedade, maior será a possibilidade de haver dissonância entre a vontade popular e o Poder Público. Por isso há de ser viabilizada mais participação popular na tomada de decisão do Estado, ampliando-se a abertura do diálogo entre a sociedade civil e o Estado.[177]

Cada vez mais, a representação política está perdendo a sua legitimidade em razão de haver um distanciamento entre a vontade popular e os atos praticados pelos representantes; por consequência, o cidadão está a cada dia mais vulnerável em relação ao Estado. Diante deste contexto, deve-se levar em consideração a ideia de se repensar as formas de participação do cidadão e dos grupos de cidadãos no exercício do poder estatal.[178]

A cidadania não pode ser entendida como algo passivo ou estagnado, nem mesmo exclusivamente representativo, mas como uma postura ativa e participativa que possibilita ao sujeito acompanhar e intervir nas decisões do poder estatal.[179] O sujeito sai da sua, até então, condição de mero espectador para participar como protagonista na esfera pública.

---

[175] COSTA, Nelson Nery. **Teoria e realidade da desobediência civil**. 2.ed. Rio de Janeiro: Forense, 2000. p.49.
[176] BENEVIDES, Maria Victoria de Mesquita; BERCOVICI, Gilberto; MELO, Claudineu de. **Direitos humanos, democracia e república**: Homenagem a Fábio Konder Comparato. São Paulo: QuartierLatin, 2009. p.352.
[177] *Ibidem*, p.353.
[178] GARCIA, Maria. **Desobediência civil**: direito fundamental. 2.ed. rev. atual. e ampl. São Paulo: Revista dos Tribunais, 2004. p.296.
[179] BENEVIDES, *op. cit.*, p.353.

Ao analisar a cidadania, Eduardo C. Bittar enfatiza que:

> O que se pensa é que a questão da cidadania é uma problemática inerente a um povo. É este povo que bem conhece suas carências, deficiências, necessidades, etc. É também este povo que possui condições para a transformação de sua condição, o que, no entanto, não se consegue sem a mobilização das comunidades, sem a conscientização dos grupos minoritários, sem a adesão das mentalidades ao projeto social que pode transformar seu quotidiano.[180]

A Constituição Brasileira deve ser interpretada como um sistema que busca privilegiar os valores da pessoa humana, conferindo-lhe o status máximo do projeto constitucional. A partir desta compreensão, surge uma concepção moderna de cidadão, o qual tem a prerrogativa de participar ativamente da coisa pública e possuir direitos e deveres em face do Estado.[181]

Num primeiro momento, o ato de desobedecer a uma lei pode parecer o cometimento de um crime, que, portanto, deve ser punido. Todavia, o que distingue o ato criminoso do da desobediência civil é justamente o adjetivo *civil* que acompanha o termo d*esobediência*. Isto quer dizer que não se trata de uma simples transgressão da ordem jurídica, e sim de um ato inspirado no próprio Estado Democrático, calcado no princípio da cidadania.[182]

A desobediência civil tem espaço quando se busca a garantia de direitos previstos na Constituição Federal, mas que são negados pelo poder público, ou por omissão ou pelo fato de privilegiar interesses privados ao invés de visar ao interesse coletivo. Por isso que ela é considerada um Direito Garantia, pois a sua finalidade é garantir a efetivação de outros direitos, sendo um meio para alcançar este objetivo[183]

Nessa mesma linha de raciocínio, podemos afirmar que a cidadania plena exige as mais variadas formas de participação do cidadão na esfera pública, permitindo a ele que participe da tomada de decisão do Estado, isto é, para que o exercício da cidadania seja

---

[180] BITTAR, Eduardo C. B. Ética, Cidadania e Constituição: O Direito à dignidade e à consição humana. **Revista Brasileira de Direito Constitucional** – RBDC, São Paulo, n.8, p.125-155, jul./dez. 2006. p.129.
[181] BUZANELLO, José Carlos. **Direito de resistência constitucional**. 2.ed. Rio de Janeiro: Lumen Juris, 2006. p.205.
[182] COSTA, Nelson Nery. **Teoria e realidade da desobediência civil**. 2.ed. Rio de Janeiro: Forense, 2000. p.82.
[183] TAVARES, Geovani de Oliveira. **Desobediência civil e direito político de resistência**. Campinas: Edicamp, 2013. p.20-21.

realmente concretizado, é necessário reconhecer outros direitos para além do rol exemplificativo da Constituição Federal Brasileira de 1988. [184]

Mesmo sem o reconhecimento explícito da desobediência civil no ordenamento jurídico, ela deve ser vista como um instrumento inerente a um Estado democrático, sendo mais uma forma de participação política e mobilização social.[185] Na medida em que reconhecemos a democracia como constituidora do Estado brasileiro, declaramos que todo o poder advém do povo e garantimos o princípio da cidadania como um fundamento deste Estado. Pelos motivos já expostos, acabamos por conceber a desobediência civil como um direito fundamental assegurado implicitamente pela Constituição Brasileira de 1988.

---

[184] GARCIA, Maria. **Desobediência civil**: direito fundamental. 2.ed. rev. atual. e ampl. São Paulo: Revista dos Tribunais, 2004. p.259.
[185] BITTAR, Eduardo Carlos Bianca; ALMEIDA, Guilherme Assis de. **Curso de filosofia de direito**. São Paulo: Atlas, 2009. p.586.

6 JURISPRUDÊNCIA BRASILEIRA ACERCA DA DESOBEDIÊNCIA CIVIL

O objetivo desta última parte do trabalho é analisar a jurisprudência brasileira a respeito do instituto da desobediência civil. A pesquisa teve como foco os julgados do Supremo Tribunal Federal, do Superior Tribunal de Justiça e do Tribunal de Justiça do Estado do Rio Grande do Sul.

Para tanto, foi escolhida como pano de fundo a questão da luta de movimentos sociais pela reforma agrária. Passaremos a avaliar como são vistos os atos de desobediência civil e resistência dos membros do Movimento dos Sem Terra. Contudo, antes de adentrar na análise jurisprudencial, serão apresentadas as razões que motivaram a escolha deste cenário.

O Movimento dos Sem Terra surgiu em 1979 como uma forma de reação em relação à ineficiência do processo de negociação que estava sendo promovido pela Comissão Pastoral da Terra e pelos Sindicatos dos Trabalhadores Rurais junto ao Governo daquela época. Buscava-se a implementação da Reforma Agrária no Brasil.[186] Desde então, o Movimento vem lutando por uma distribuição mais igualitária das terras brasileiras.

O tema referente à distribuição da terra no Brasil e a necessidade de um modelo de reforma agrária que seja duradouro e eficiente são apenas algumas das muitas facetas das desigualdades socioeconômicas entre as classes sociais no Brasil.[187] O que torna mais evidente a questão agrária é justamente o fato de haver uma mobilização de um grupo de pessoas que não aceitam as políticas governamentais adotadas e a resistência de tal grupo frente ao Estado.

A respeito do tema da distribuição da terra no Brasil, Geovani de Oliveira Tavares faz uma crítica muito apropriada:

> A concentração de terra no Brasil é mais que evidente. Pregar a Reforma Agrária, nesse contexto, é uma atitude de coragem, pois os interesses contrariados são muitos. Parece que fazer reformas no Brasil constitui uma ameaça para as classes

---

[186] TAVARES, Geovani de Oliveira. **Desobediência civil e direito político de resistência**. Campinas: Edicamp, 2013. p.90.
[187] FILIPPI, Eduardo Ernesto. **Reforma agrária**: experiências internacionais de reordenamento agrário e a evolução da questão da terra no Brasil. Porto Alegre: Editora da UFRGS, 2005. p.53.

dominantes que, por sua vez, usando seu poder econômico, mantêm sob seu controle as políticas governamentais.[188]

Por isso, o lema adotado pelo Movimento dos Sem Terra – *ocupar, resistir e produzir* – está diretamente relacionado ao Direito Fundamental da Desobediência Civil, este assegurado pela Constituição Federal Brasileira de 1988 de forma implícita, conforme demonstrado ao longo deste trabalho. É possível legitimar este Movimento pela ideia final do lema adotado por ele, haja vista possuir o caráter produtivo do ato de ocupação e resistência. Resta, agora, analisar a jurisprudência brasileira para verificar se esse também é o entendimento dos magistrados no Brasil.

Ao realizar-se a pesquisa nos três Tribunais citados, restou evidente que o tema da desobediência civil ainda é pouco abordado pela jurisprudência. Ainda se está muito atrelado à análise técnica e formal da lei, sem abrir espaço para uma discussão mais aprofundada acerca da legitimidade, motivos e justificativas que levam um número significativo de pessoas a desobedecer decisões judiciais. Na verdade, em quase todos os julgados, percebeu-se que a decisão está mais voltada a requisitos legais a respeito da vistoria do imóvel ocupado ou não, passando a análise aos prazos aplicados em cada situação ou então a requisitos para a concessão de liminares em ações possessórias. Como dito, não há uma análise com enfoque na causa ou nas razões que levam estes grupos a cometerem tais atos. Porém, foi possível em alguns casos avaliar a percepção dos magistrados em relação ao Movimento ora analisado.

Após pesquisa minuciosa, encontrou-se um julgado do Superior Tribunal Federal onde é feita uma breve análise do Movimento dos Trabalhadores Sem Terra, podendo ser considerado até o momento um paradigma da Corte Suprema para o tema da desobediência civil. O julgado versava sobre Medida Cautelar em Ação Direta de Inconstitucionalidade requerida pelo Partido dos Trabalhadores e Confederação Nacional dos Trabalhadores na Agricultura (2.213-0 DF) com o intuito de analisar o abuso presidencial na edição de medida provisória no que se refere à questão fundiária.

O entendimento do Ministro relator em relação aos atos dos movimentos sociais fica explícito no trecho abaixo:

---

[188] TAVARES, Geovani de Oliveira. **Desobediência civil e direito político de resistência**. Campinas: Edicamp, 2013. p.96.

> Revela-se contrária ao Direito, porque constitui atividade à margem da lei, sem qualquer vinculação ao sistema jurídico, a conduta daqueles que – particulares, movimentos ou organizações sociais – visam, pelo emprego arbitrário da força e pela ocupação ilícita de prédios públicos e de imóveis rurais, a constranger, de modo autoritário, o Poder Público a promover ações expropriatórias, para efeito de execução do programa de reforma agrária.[189]

E ainda complementa da seguinte maneira:

> O processo de reforma agrária, em uma sociedade estruturada em bases democráticas, não pode ser implementado pelo uso arbitrário da força e pela prática de atos ilícitos de violação possessória, ainda que se cuide de imóveis alegadamente improdutivos.[190]

Nesse sentido, o Ministro Celso de Mello foi categórico em relação à ilegalidade dos atos praticados pelos movimentos sociais que têm como objetivo a realização da reforma agrária ao afirmar que:

> O Supremo Tribunal Federal não pode validar comportamentos ilícitos. Não deve chancelar, jurisdicionalmente, agressões inconstitucionais ao direito de propriedade e à posse de terceiros. Não pode considerar, nem deve reconhecer, por isso mesmo, invasões ilegais de propriedade alheia ou atos de esbulho possessório como instrumentos de legitimação da expropriação estatal de bens particulares, cuja submissão, a qualquer programa de reforma agrária, supõe, para regularmente efetivar-se, o estrito cumprimento das formas e dos requisitos previstos nas leis e na Constituição da República.[191]

No que se refere ao Superior Tribunal de Justiça, encontraram-se mais julgados pertinentes ao tema proposto pelo trabalho. Apesar de ainda não haver um entendimento pacificado, torna-se possível vislumbrar um movimento de legitimação de alguns atos praticados pelo Movimento dos Trabalhadores Sem Terra na busca pela reforma agrária no país.

Em decisão recente (Intervenção Federal nº 111 – PR – 2014/0003456-0), o Superior Tribunal de Justiça[192] analisou pedido de intervenção federal no Estado do Paraná em razão

---

[189] BRASIL. Supremo Tribunal Federal. Ação Direta de Inconstitucionalidade 2.213-0 DF. Requerente: Partido dos Trabalhadores e Contag. Requerido: Presidente da República. Relator: Min. Celso de Mello. Brasília, 4 abr. 2002. Disponível em: <http://redir.stf.jus.br/paginadorpub/paginador.jsp?docTP=AC&docID=347486>. Acesso em: 8 nov. 2014.
[190] Ibidem.
[191] BRASIL, op. cit.
[192] O STJ tem competência para julgar Intervenção Federal em função da matéria, quando houver desobediência a ordem ou decisão do próprio Tribunal, conforme artigo 36, II da Constituição Federal de 1988. Idem. Constituição (1988). **Constituição da República Federativa do Brasil de 1988**. Disponível em: http://www.planalto.gov.br/ccivil_03/constituicao/constitui%C3%A7ao.htm Acesso em: 9 nov. 2014.

de não-cumprimento de decisão judicial. No caso analisado, foi proposta uma ação possessória, com pedido de liminar em face de ocupação do imóvel em questão por membros do Movimento dos Trabalhadores Sem Terra, sendo concedida liminar aos proprietários do imóvel, ordenando a retirada dos ocupantes. Contudo, esta decisão não foi cumprida.

Em seu voto, o Ministro relator do STJ, Gilson Dipp, analisa o ato praticado pelo MST, conforme trecho abaixo:

> Depreende-se que o imóvel rural em foco foi ocupado por trabalhadores rurais sem terra como forma de forçar sua desapropriação para reforma agrária, mas as providências administrativas do Poder Público local, demandadas para a desocupação ordenada pelo Poder Judiciário, não foram atendidas por seguidas vezes.[193]

O Ministro Gilson Dipp ainda chama a atenção para a defesa do Governador do Estado do Paraná:

> Ocorre que o Governador do Estado considera inexistir desobediência uma vez que o cumprimento da ordem pode vir a provocar estado de conflito social ou coletivo e possíveis danos ou lesões muito mais graves que o prejuízo do particular proprietário que perdeu a posse. As justificativas alinhadas do Poder Público local procuram mostrar que a ordem judicial nesse caso deve ceder ante um quadro de circunstâncias capazes de tornar ilegítima a atuação do Poder Judiciário em favor de uma pessoa quando os efeitos danosos e negativos podem se abater sobre dezenas de outras.[194]

O Ministro conclui seu voto aplicando princípios constitucionais ao caso concreto, segundo trecho extraído do referido acórdão:

> Parece manifestar-se evidente a hipótese de perda da propriedade por ato ilícito da administração, não remanescendo outra alternativa que respeitar a ocupação dos ora possuidores como corolário dos princípios constitucionais da dignidade da pessoa humana; de construção de sociedade livre, justa e solidária com direito à reforma agrária e acesso à terra e com a erradicação da pobreza, marginalização e desigualdade social.[195]

Já em outra decisão do STJ, ocorrida no ano de 2008 (Recurso em Habeas Corpus nº 2.301 - MT -207/0251483-3), o relator do caso, Ministro Jorge Mussi, demonstrou outro entendimento dos atos praticados pelo Movimento dos Sem Terra. Em sua percepção, os

---

[193] BRASIL. Superior Tribunal de Justiça. Intervenção Federal 2014/0003456-0, Relator: Min. Gilson Dipp, 2014.
[194] *Ibidem.*
[195] BRASIL, *op. cit.*

membros do Movimento fazem parte de uma quadrilha que tem por objetivo praticar atos de vandalismo e invasão de propriedades privadas, conforme pode ser verificado em um dos trechos de seu voto:

> Com efeito, diante dos fatos narrados pelo *decisium* acima transcrito, em parte reproduzidos no aresto atacado, existem fortes indícios de ser o paciente líder de uma quadrilha de sem terras, que atua com o intuito de causar vandalismo e invasões de propriedades, e que vem desrespeitando, reiteradamente, os mandamentos da Justiça e proferindo sérias ameaças aos seus serventuários.[196]

Assim como nos Tribunais Superiores, também houve dificuldade em encontrar julgados acerca dos atos praticados pelo Movimento dos Sem Terra. Contudo, o que se consegue perceber em alguns dos julgados encontrados é que o judiciário gaúcho, apesar de não ser de forma unânime, tem legitimado alguns atos do Movimento, sob o argumento de que a Constituição Federal Brasileira assegura, além do direito de propriedade, o exercício de sua função social, conforme se depreende do trecho destacado abaixo (Agravo de Instrumento 70003434388-RS):

> Vive-se uma fase de predomínio do social sobre o individual e neste contexto o direito de propriedade não mais se reveste do caráter de absoluto e intangível de que outrora se impregnava, mas está sujeito a limitações ditadas pelo interesse público e pelos princípios da justiça e do bem comum.[197]

Ainda neste mesmo acórdão, o Desembargador Mário José Gomes Pereira do TJ/RS destaca que:

> Assim, em se tratando de ações possessórias, ou reivindicatórias, incidentes sobre bens imóveis, por exemplo, este princípio constitucional faz com que o Magistrado seja obrigado a examinar, no caso concreto, o cumprimento da função social da propriedade (ou da posse), tanto por parte do autor, como do réu, se for o caso. Se concluir que o princípio não era atendido pelo autor da ação, o juiz deve julgar a ação improcedente, ainda que os requisitos exigidos pela lei, para sua procedência, restem atendidos (Função Social da Propriedade, Carlos Araújo Leonetti, in, Revista dos Tribunais, vol. 770/729).[198]

Nessa mesma linha de raciocínio, o Desembargador Nereu José Giacomolli, também do TJ/RS, teceu algumas considerações a respeito do entendimento equivocado do Ministério

---

[196] BRASIL. Superior Tribunal de Justiça. Recurso Ordinário em Habeas Corpus 207/0251483, Relator: Min. Jorge Mussi, 2008.
[197] RIO GRANDE DO SUL. Tribunal de Justiça. Agravo de Instrumento 70003434388. Relator: Carlos Rafael dos Santos Junior, 2001.
[198] *Ibidem.*

Público em outro julgado envolvendo integrantes do Movimento dos Sem Terra (Apelação Crime 70018870873- RS):

> No caso concreto, os integrantes do MST se dirigiram à fazenda, com objetivos políticos, tendentes à reforma agrária. Ao que se depreende dos autos, não ingressaram na propriedade com a intenção clara de perpetrar a subtração dos bens.[199]

O mesmo Desembargador traz à tona a visão que ainda algumas pessoas persistem em ter em relação aos membros do Movimento dos Sem Terra, ou seja, a vinculação direta entre o Movimento e a prática de delitos:

> A imputação criminal a lideranças do movimento dos "sem-terra", por esta circunstância e não pela prática direta da conduta, implica responsabilização objetiva, o que não encontra validade constitucional e no Direito Penal do Fato, conquistas históricas da civilização.[200]

Apesar de até o momento terem sido apresentados entendimentos jurisprudenciais no Tribunal de Justiça do Rio Grande do Sul favoráveis ao Movimento, é possível vislumbrar entendimentos divergentes no que se refere a este tema:

> Ao contrário do que sustenta o Réu, efetivamente houve falha concreta por parte do Estado no terreno da segurança preventiva, ao permitir que centenas de famílias integrantes do MST se dirigissem à fazenda invadida, sem qualquer acompanhamento da Polícia Militar, sendo que os colonos carregavam diversos instrumentos agrícolas passíveis de serem utilizados como armas, conforme salientou o órgão ministerial em seu parecer.[201]

Em um dos trechos, é possível perceber a visão do magistrado a respeito do movimento:

> A questão desborda do simples dever estatal de conferir segurança à sociedade, de falhar ao deixar de evitar furtos ou outros crimes que ocorrem de forma individualizada, geralmente às escondidas. No caso, a falha é gritante e a culpa é exacerbada, porquanto não se pode admitir que quase mil pessoas se desloquem, numa região de conflito intenso, armadas com pás e foices, com material para acamparem (o que demonstra claramente o que iria acontecer), sem que o Estado sequer tome conhecimento. No mínimo aquela região deveria ser alvo de constante verificação por parte dos órgãos de segurança, em razão do conflito que ali se

---

[199] RIO GRANDE DO SUL. Tribunal de Justiça. Recurso de Apelação 70018870873, Relator: Nereu José Giacomolli, 2007.
[200] Ibidem.
[201] Idem. Tribunal de Justiça. Recurso de Apelação 70018362483, Relator: Tasso Caubi Soares Delabary, 2007.

> desenvolvia, conflito este que não era mais velado, era intenso, declarado, noticiado e notório.[202]

O cerne da questão estava no fato de não ter havido proteção, por parte do Estado, ao imóvel ocupado pelo movimento. As quase mil pessoas que integravam o grupo são estereotipadas como violentas e armadas, mesmo que estejam carregando consigo instrumentos utilizados no campo. Porém, ao analisarmos o final do trecho, fica evidenciado o caráter público da ação do Movimento dos Sem Terra, na medida em que a ocupação já era um fato declarado, noticiado e notório, como disse o próprio magistrado. Nesse sentido, fica clara a intenção dos membros deste grupo em querer chamar a atenção da opinião pública para o problema do acesso à terra no Brasil e, consequentemente, forçar o Estado a encarar a realidade de muitas pessoas que não conseguem ter os seus direitos constitucionais concretizados.

Após esta breve análise da jurisprudência do Supremo Tribunal Federal, do Superior Tribunal de Justiça e do Tribunal de Justiça do Estado do Rio Grande do Sul acerca dos atos desobedientes praticados pelo Movimento dos Sem Terra, é possível perceber que, embora ainda haja posicionamentos contrários à legitimação do movimento, vislumbramos uma tendência do Poder Judiciário favorável ao reconhecimento do MST como um grupo social de pressão que objetiva a concretização dos direitos garantidos constitucionalmente, tais como acesso à terra, direito ao trabalho, direito à moradia e, principalmente, direito a uma vida digna.

Pelo fato de o Estado até hoje não ter investido de forma significativa no programa de reforma agrária no país e o número de pessoas à margem da sociedade aumentar cada vez mais; pelo fato de muitos direitos garantidos constitucionalmente não estarem sendo concretizados, pois desde a promulgação da Constituição Federal Brasileira estes direitos não saíram do papel; pelo fato de os governantes estarem, em grande parte, voltados para os seus próprios interesses e não priorizarem o bem comum, o bem-estar social – por todos estes motivos é que a desobediência civil praticada pelo Movimento dos Sem Terra pode ser reconhecida como legítima e oriunda do reconhecimento de um Estado Democrático onde a soberania é exercida pelo povo e os indivíduos da sociedade detêm o status de cidadão.

---

[202] RIO GRANDE DO SUL. Tribunal de Justiça. Recurso de Apelação 70018362483, Relator: Tasso Caubi Soares Delabary, 2007.

7 CONCLUSÃO

Neste trabalho, com base na doutrina e na jurisprudência apresentada, foi possível traçar um panorama acerca do instituto da desobediência civil e dos seus desdobramentos. A apresentação de alguns casos práticos deste instituto na história e o entendimento de autores renomados acerca deste tema permitiram uma melhor compreensão do conceito e da finalidade que a desobediência civil carrega consigo.

A partir da conjugação dos atos de desobediência civil praticados por Thoreau, Gandhi e King e das visões doutrinárias apresentadas por Hanna Arendt, Jürgen Habermas e Maria Garcia, foi possível perceber o instituto como um mecanismo/instrumento de defesa utilizado pela sociedade quando há leis ou atos de autoridade pública injustos ou abusivos.

No que se refere ao cenário brasileiro, e tendo como perspectiva a Constituição Federal Brasileira de 1988, trabalhou-se para demonstrar que a desobediência civil é um Direito Fundamental implícito. Tal reconhecimento é possível por meio da fundamentação de que a Carta Magna como está hoje é considerada uma carta aberta e em constante processo de atualização e construção em razão das mudanças na sociedade e que os cidadãos devem ser participantes ativos desta atualização e construção, uma vez que são os destinatários das leis e decisões do Estado.

A fundamentação jurídica que permite o reconhecimento da desobediência civil como Direito Fundamental é encontrada no artigo 5º, §2º da Constituição Federal Brasileira. Trata-se de uma cláusula aberta que permite a inclusão de outros direitos e garantias decorrentes do regime e dos princípios adotados por ela.

Nesse sentido, os princípios do Estado Democrático de Direito, princípio da Soberania Popular e princípio da Cidadania convergem para esta fundamentação, pois a desobediência civil decorre do regime democrático, que só é concretizado mediante a afirmação da cidadania e a priorização da vontade popular.

Sob a égide do Estado Democrático de Direito, tanto a sociedade civil quanto o Estado, apesar de serem conceitualmente diferentes, devem manter uma conexão constante, a qual será realizada na esfera pública social.²⁰³ Não havendo tal conexão, não é plausível que os indivíduos de uma sociedade fiquem submissos a decisões ou leis que tenham como objetivo a satisfação de interesses particulares.

Nessa mesma linha, a legitimação do poder político – entenda-se a dos representantes – deve estar sedimentada no princípio da soberania popular. Sendo assim, somente o povo pode conferir legitimidade aos atos e decisões dos governantes, pois ele é o titular da soberania, do poder. Logo, para que o exercício representativo deste poder seja legítimo e eficaz, é fundamental que haja uma direta relação entre a vontade popular e os atos praticados por seus representantes.²⁰⁴

Porém, cada vez mais, a representação política está perdendo a sua legitimidade em razão de haver um distanciamento entre a vontade popular e os atos praticados pelos representantes; por consequência, o cidadão está a cada dia mais vulnerável em relação ao Estado. Diante deste contexto, deve-se levar em consideração a ideia de se repensar as formas de participação do cidadão e dos grupos de cidadãos no exercício do poder estatal.²⁰⁵

A cidadania não pode ser entendida como algo passivo, nem mesmo representativo, mas como uma postura ativa e participativa que possibilita ao sujeito a intervenção nas decisões do poder estatal.²⁰⁶ O sujeito sai da sua condição de mero espectador para participar como protagonista na esfera pública.

Embora ainda não haja um consenso jurisprudencial no Brasil acerca da legitimação dos atos de desobediência civil e seu consequente reconhecimento como um Direito Fundamental, percebe-se um movimento no sentido de que, no futuro, isso possa ser conquistado. Por isso, é preciso que todos os envolvidos neste processo de construção de um Estado Democrático, onde a soberania é do povo e a cidadania é ativa, percebam que a sua participação é fundamental e que a desobediência civil é mais um instrumento com o qual o

---

²⁰³ REPÔLES, Maria Fernanda Salcedo. **Habermas e a desobediência civil**. Belo Horizonte: Mandamentos, 2003. p.36-137.
²⁰⁴ CANOTILHO, José Joaquim Gomes. **Direito constitucional e teoria da constituição**. 7.ed. Coimbra: Edições Almedina, 2003. p.292.
²⁰⁵ GARCIA, Maria. **Desobediência civil**: direito fundamental. 2.ed. rev. atual. e ampl. São Paulo: Revista dos Tribunais, 2004. p.296.
²⁰⁶ BENEVIDES, Maria Victoria de Mesquita; BERCOVICI, Gilberto; MELO, Claudineu de. **Direitos humanos, democracia e república**: Homenagem a Fábio Konder Comparato. São Paulo: QuartierLatin, 2009. p.353.

cidadão pode contar para fazer valer a sua opinião e demonstrar a sua discordância com os rumos traçados pelos governantes, ou seja, ao cidadão será conferido mais poder na medida em que sua voz tiver mais de uma forma de ser ouvida.

REFERÊNCIAS

ARENDT, Hannah. **Crises da República**. São Paulo: Perspectiva, 1973.

BARROSO, Luís Roberto. **Temas de direito constitucional**. 2.ed. Rio de Janeiro: Renovar, 2002.

BENEVIDES, Maria Victoria de Mesquita; BERCOVICI, Gilberto; MELO, Claudineu de. **Direitos humanos, democracia e república**: Homenagem a Fábio Konder Comparato. São Paulo: QuartierLatin, 2009.

BITTAR, Eduardo C. B. Ética, Cidadania e Constituição: O Direito à dignidade e à consição humana. **Revista Brasileira de Direito Constitucional** – RBDC, São Paulo, n.8, p.125-155, jul./dez. 2006.

BITTAR, Eduardo Carlos Bianca; ALMEIDA, Guilherme Assis de. **Curso de filosofia de direito**. São Paulo: Atlas, 2009.

BLANRUE, Paul-Eric. Quem matou Martin Luther King? **História Viva**, Porto Alegre, v.8, n.88, p.61-65, fev.2011.

BOBBIO, Norberto; MATTEUCCI, Nicola; PASQUINO, Gianfranco. **Dicionário de política**. 13.ed. Brasília: Editora Universidade de Brasília, 2010.

BONAVIDES, Paulo. **Curso de direito constitucional**. 26.ed. São Paulo: Malheiros, 2011.

_____. **Teoria do Estado**. 3.ed. São Paulo: Malheiros, 1995.

BRASIL. Constituição (1988). **Constituição da República Federativa do Brasil de 1988**. Disponível em: <http://www.planalto.gov.br/ccivil_03/constituicao/constitui%C3%A7ao.htm>. Acesso em: 9 nov. 2014.

_____. Supremo Tribunal Federal. Ação Direta de Inconstitucionalidade 2.213-0 DF. Requerente: Partido dos Trabalhadores e Contag. Requerido: Presidente da República. Relator: Min. Celso de Mello. Brasília, 4 abr. 2002. Disponível em: <http://redir.stf.jus.br/paginadorpub/paginador.jsp?docTP=AC&docID=347486>. Acesso em: 8 nov. 2014.

_____. Superior Tribunal de Justiça. Intervenção Federal 2014/0003456-0. Requerente: Carla Beatriz Borgheti Gomes; Guilherme Borgheti Gomes; Aberto Borgheti Gomes. Requerido: Estado do Paraná. Interessado: Movimento dos Trabalhadores Rurais Sem Terra. Relator: Min. Gilson Dipp. Brasília, 1 jul. 2014. Disponível em: <https://ww2.stj.jus.br/processo/revista/documento/mediado/?componente=ITA&sequencial=1332853&num_registro=201400034560&data=20140806&formato=PDF>. Acesso em: 09 nov. 2014.

BRASIL. Superior Tribunal de Justiça. Recurso Ordinário em Habeas Corpus 207/0251483. Recorrente: Elifaz Esmael de Souza. Recorrido: Tribunal de Justiça do Estado do Mato Grosso. Relator: Min. Jorge Mussi. Brasília, 21 fev. 2008. Disponível em: <https://ww2.stj.jus.br/processo/revista/documento/mediado/?componente=ATC&sequencial=3665804&num_registro=200702514833&data=20080310&tipo=51&formato=PDF>. Acesso em: 09 nov.2014

BUZANELLO, José Carlos. **Direito de resistência constitucional**. 2.ed. Rio de Janeiro: Lumen Juris, 2006.

CANOTILHO, José Joaquim Gomes. **Direito constitucional e teoria da constituição**. 7.ed. Coimbra: Edições Almedina, 2003.

CARDOSO JÚNIOR, Nerione N. **Hannah Arendt e o declínio da esfera pública**. Brasília: Senado Federal - Subsecretaria de Edições Técnicas, 2005.

CARVALHO, Márcio Menezes de. Desobediência civil. **Direito em ação**. Brasília, v.5, n.2, p.125-144, dez. 2004.

COSTA, Nelson Nery. **Ciência política**. 3.ed. rev. atual. e ampl. Rio de Janeiro: Forense, 2012.

_____. **Teoria e realidade da desobediência civil**. 2.ed. Rio de Janeiro: Forense, 2000.

DUQUE, Marcelo Schenk. **Curso de direitos fundamentais**: teoria e prática. São Paulo: Revista dos Tribunais, 2014.

_____. **Direito privado e constituição**: drittwirkung dos direitos fundamentais, construção de um modelo de convergência à luz dos contratos de consumo. São Paulo: Revista dos Tribunais, 2013.

EMERIQUE, Lilian Márcia Balmant. Democracia e o direito de oposição política. **Revista de Direito Constitucional e Internacional**, São Paulo. v.14, n.57, p.192-211, out./dez. 2006.

FISCHER, Louis. **Gandhi**. Edição integral. São Paulo: Círculo do Livro, 1982.

FILIPPI, Eduardo Ernesto. **Reforma agrária**: experiências internacionais de reordenamento agrário e a evolução da questão da terra no Brasil. Porto Alegre: Editora da UFRGS, 2005.

GARCIA, Maria. **Desobediência civil**: direito fundamental. 2.ed. rev. atual. e ampl. São Paulo: Revista dos Tribunais, 2004.

_____. O processo constitucional no direito estrangeiro: o direito de resistência e a desobediência civil. **Revista de Direito Constitucional e Internacional**, São Paulo, v.14, n.57, p.56-61, out./dez. 2006.

HÄBERLE, Peter. **Hermenêutica constitucional**: a sociedade aberta dos intérpretes da Constituição: contribuição para a interpretação pluralista e procedimental da Constituição. Porto Alegre: Sergio Antonio Fabris, 1997.

HABERMAS, Jürgen. **Direito e democracia**: entre facticidade e validade, volume II. Rio de Janeiro: Tempo Brasileiro, 1997.

KING, Coretta Scott. **As palavras de Martin Luther King**. Rio de Janeiro: Jorge Zahar, 2009.

LAFER, Celso. **A reconstrução dos direitos humanos**: um diálogo com o pensamento de Hannah Arendt. São Paulo: Companhia das Letras, 1988.

LEITE, George Salomão; LEITE, Glauco Salomão. **A abertura da Constituição em face dos princípios constitucionais**. Dos princípios constitucionais: considerações em torno das normas principiológicas da Constituição. 2.ed. rev. atual. e ampl. São Paulo: Método, 2008.

LÍDERES e discursos que revolucionaram o mundo. São Paulo: Universo dos Livros, 2012.

LOSEKANN, Luciano André. A hermenêutica concretista em Peter Häberle e a jurisdição constitucional no Brasil. **Revista da Ajuris**, Porto Alegre, v.31, n.93. p.155-176, mar. 2004.

MONTEIRO, Maurício Gentil. **O direito de resistência na ordem jurídica constitucional**. Rio de Janeiro: Renovar, 2003.

MULLER, Jean-Marie. **O princípio de não-violência**: precursor filosófico. Lisboa: Direito e Direitos do Homem, 1995.

NOGUEIRA, Ruy Barbosa. **Imunidades**. São Paulo: Saraiva, 1992.

REPÔLES, Maria Fernanda Salcedo. **Habermas e a desobediência civil**. Belo Horizonte: Mandamentos, 2003.

RIO GRANDE DO SUL. Tribunal de Justiça. Agravo de Instrumento 70003434388. Agravantes: Plino Formighieri e Valeria Dreyer Formighieri. Agravado: Loivo Dal Agnoll. Relator: Carlos Rafael dos Santos Junior. Porto Alegre, 6 nov. 2001. Disponível em: <http://www1.tjrs.jus.br/site_php/consulta/consulta_processo.php?nome_comarca=Tribunal+de+Justi%E7a&versao=&versao_fonetica=1&tipo=1&id_comarca=700&num_processo_mask=70003434388&num_processo=70003434388&codEmenta=458900&temIntTeor=true>. Acesso em: 07 nov. 2014.

_____. Tribunal de Justiça. Recurso de Apelação 70018362483. Apelante: Estado do Rio Grande do Sul. Apelado: Norma Parera Echevarria. Relator: Tasso Caubi Soares Delabary. Porto Alegre, 29 nov. 2007. Disponível em: <http://www1.tjrs.jus.br/site_php/consulta/consulta_processo.php?nome_comarca=Tribunal+de+Justi%E7a&versao=&versao_fonetica=1&tipo=1&id_comarca=700&num_processo_mask=70018362483&num_processo=70018362483&codEmenta=2176329&temIntTeor=true>. Acesso em: 07 nov. 2014.

RIO GRANDE DO SUL. Tribunal de Justiça. Recurso de Apelação 70018870873. Apelantes: Pedro Pientka, Manoel Antunes da Silva e Paulo da Rosa Lima. Apelado: Ministério Público. Relator: Nereu José Giacomolli. Porto Alegre, 19 jul. 2007. Disponível em: <http://www1. tjrs.jus.br/site_ php/consulta/consulta_processo.php?nome_comarca=Tribunal+de+ Justi%E7a&versao=&versao_fonetica=1&tipo=1&id_comarca=700&num_processo_mask=7 0018870873&num_processo=70018870873&codEmenta=2000053&temIntTeor=true>. Acesso em: 07 nov. 2014.

SALDANHA, Leonardo Tricot. **Legitimação política democrática e autonomia**. Porto Alegre: Editora UniRitter, 2008.

SILVA, José Afonso. **Curso de direito constitucional positivo**. 32.ed. rev.e atual. São Paulo: Malheiros, 2009.

TAVARES, Geovani de Oliveira. **Desobediência civil e direito político de resistência**. Campinas: Edicamp, 2013.

THOREAU, Henry David. **A desobediência civil**. São Paulo: Companhia das Letras, 2012.

I want morebooks!

Buy your books fast and straightforward online - at one of world's fastest growing online book stores! Environmentally sound due to Print-on-Demand technologies.

Buy your books online at
www.morebooks.shop

Compre os seus livros mais rápido e diretamente na internet, em uma das livrarias on-line com o maior crescimento no mundo! Produção que protege o meio ambiente através das tecnologias de impressão sob demanda.

Compre os seus livros on-line em
www.morebooks.shop

KS OmniScriptum Publishing
Brivibas gatve 197
LV-1039 Riga, Latvia
Telefax: +371 686 204 55

info@omniscriptum.com
www.omniscriptum.com

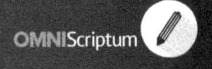

Lightning Source UK Ltd.
Milton Keynes UK
UKHW011855240621
386091UK00001B/51